青少儿篮球教练执教指南
（第 2 版）

〔美〕基思·米尼斯卡尔科（Keith Miniscalco）
格雷格·科特（Greg Kot）　　　　　　著

薛正武　刘焕然　主　译
薛　憧　李铭佳　副主译
赵德龙　　　　校　对

北京科学技术出版社

著作权合同登记号 图字：01–2019–4878 号

图书在版编目（CIP）数据

青少儿篮球教练执教指南：第 2 版 /（美）基思·米尼斯卡尔科（Keith Miniscalco），（美）格雷格·科特（Greg Kot）著；薛正武，刘焕然主译 . —北京：北京科学技术出版社，2020.11

书名原文：Survival Guide for Coaching Youth Basketball, Second Edition

ISBN 978–7–5714–1122–0

Ⅰ . ①青… Ⅱ . ①基… ②格… ③薛… ④刘…

Ⅲ . ①青少年 – 篮球运动 – 体育教学 – 指南 Ⅳ . ① G841.2–62

中国版本图书馆 CIP 数据核字 (2020) 第 178611 号

策划编辑：曾凡容
责任编辑：曾凡容
责任校对：贾　荣
责任印制：吕　越
装帧设计：优品地带
出　版　人：曾庆宇
出版发行：北京科学技术出版社
社　　址：北京西直门南大街 16 号
邮政编码：100035
电话传真：0086-10-66135495（总编室）　　0086-10-66113227（发行部）
网　　址：www.bkydw.cn
经　　销：新华书店
印　　刷：保定市中画美凯印刷有限公司
开　　本：710mm × 1000mm 1/16
字　　数：193 千字
印　　张：13
版　　次：2020 年 11 月第 1 版
印　　次：2020 年 11 月第 1 次印刷
ISBN 978–7–5714–1122–0

定价：78.00 元

献给无论得失都永远支持我们的
莉兹（Liz）和德布（Deb）

前 言

你带着 1 袋篮球、1 个战术板和 1 个哨子走进篮球馆，面前是一群八九岁的孩子，他们的篮球智商仅限于知道要把橙色的篮球投进篮筐得分。你的任务是在第一场比赛之前把这些对篮球感兴趣但毫无组织的新手培养成一个团队。哦，对了，第一场比赛将于 2 周后进行。

新手教练在新赛季的开始会感到焦虑不安。"我应该从哪里开始？这些孩子应该司职什么位置？我应该给每个球员多少分钟的上场时间？如果他们的精力不集中该怎么办？如果我们输了该怎么办？这些孩子的家长会怎么想？如果孩子们感到尴尬该怎么办？如果我感到尴尬该怎么办？"如果你是一名新手教练并感到无所适从，别担心，我们来帮助你。

《青少儿篮球教练执教指南》（第 2 版）面向的读者群体就是执教 5～15 岁青少儿的新手教练，以及这些孩子的家长们。本书提供了一种快速、清晰、有趣的方法来教授青少儿基本的篮球技能，这些技能将使孩子们受益终生。本书将帮助新手教练：

- 在实践中给青少儿球员提供与其年龄相适应的指导；
- 在有限的训练时间里用有趣的比赛和训练方法提高青少儿球员的技能，使训练效益最大化；
- 对青少儿球员进行评估以给球队制定切实可行的目标；
- 提供经过验证的适合青少儿球员的进攻战术和防守方案；
- 在游戏中进行教学；
- 向青少儿球员说明为什么要作为团队中的一员而不是作为个人去比赛。

对于教练和其执教的球员来说，第一场比赛前的几天是令人兴奋和不安的。本书将对整个赛季的训练和策略做出规划，目的是为青少儿篮球教练减压，使其获得开始第一堂训练课的信心，同时了解每堂训练课要完成的任务。如果球员熟悉了本书提出的理念，他们会意识到在训练中学到的技能可以在真正的篮球比赛中使用，在比赛中的感觉就如同在训练中一样。

教学是一个过程，学习也是一个过程。你没有太多的时间来向球员传授知识，即便一周只能训练一两次，你也要有耐心。因此，有组织的和高效的训练将帮你最大限度地利用训练时间，设定切合实际的目标，知道何时应提高或降低对球员的期望值，为球员提供最佳的学习环境。

知道要教什么、什么时候教，以及使用孩子们能理解和有能力完成的练习方法，将是你作为新手教练度过第一个赛季的关键。本书将带你逐步掌握这些内容。

本书不仅给你提供了一些可以在教学实践中直接运用的训练内容、防守的理念和进攻的基本方法，还将帮助你组织训练，甚至把训练时间细化到了分钟，因为在一项训练上耗时太多或太少都是没有意义的。

如果你在训练中所做的一切都是为了让球队赢得比赛，那么这本书就不太适合你。尽管获胜对孩子来说是个很不错的激励，但比赛结果对于10岁左右的孩子们来说都是无关紧要的。重要的是让孩子们在学会篮球基本技能的同时从中体会乐趣，这将成为他们成长的重要因素。本书是帮助教练教球员如何正确地学习打篮球，如何学会热爱比赛，如何成为比个人更重要的团队成员。如果小球员们学会了这些，他们迟早会成为人生赢家。青少儿篮球教练可以通过阅读本书来帮助青少儿球员走上胜利之路。

练习索引

图 例

进攻球员

防守球员

持球发起进攻的球员

防守持球球员的球员

球员跑位

篮板手

投篮球员

传球球员

球员跑动路线

传球路线

掩护

运球路线

转身

教练

目 录

第一章

要从哪里开始呢

　　教青少儿篮球初学者打球就好像试图控制闪电一样。你走进篮球馆，里面有十几个渴望成为篮球明星的孩子，你的任务是帮助他们把精力投入到一项有纪律、运动天赋、耐心、速度、无私精神和智慧的团队运动中。但现在，你只是想找到让这个场景看起来不像儿童乐园的方法。

　　孩子们在球场上，有的把球掷向地板或墙壁使其反弹回来，有的你扔给我、我扔给你。他们跑来跑去，就好像有一只看不见的大罗威纳犬在追赶他们。他们大体知道篮球比赛的方式（把橙色的球投进篮筐），但仅限于此。显然，你比他们更懂篮球，但对如何指导他们却并无把握。这些孩子们可能在学校里玩过小皮球或者在社区的篮球场玩过几场临时组织的比赛。当篮球俱乐部主管或学校体育主任邀请你在这个赛季教他们打篮球时，你欣然同意了。

　　当你踌躇满志地走进篮球馆的时候，你面对的现实问题就是在这个赛季把一群不守规矩的捣蛋鬼打造成一个团队。哦，对了，你走进篮球馆的时候要记得保持微笑！你刚才的状态是什么样的？你发现有人犯错了？你须要纠正吗？无论你想用什么方法开始训练，你首先要做的就是把队伍组织起来，而且要快。

本书旨在帮助新手教练学习如何教 5 ～ 15 岁的孩子打篮球。任何新手教练都会有这样一种感觉，即知道比赛的方法是一回事，而教别人比赛是另外一回事。优秀的运动员几乎是凭直觉比赛的，多年的训练强化了他们的肌肉记忆，使他们能够在比赛中快速反应和提前预判。

篮球初学者要学习一些基本技术，如运球、投篮、传球和接球等。他们不仅要学习如何打篮球，还要学习如何与其他初学者一起朝着一个共同的目标努力。初学者往往不能理解这点。你最大的挑战可能是让孩子们安静下来，有足够的耐心听你把要讲解的内容说完，然后去做他们最擅长的事情——在篮球场上制造"吱吱"的噪声。

教孩子们打篮球的任务看起来很艰巨，但实际上很有趣。孩子就像海绵一样，随时准备从自己认识的人身上接纳他们所说的话，模仿他们所做的动作。因此，教练对孩子们的影响是直接的。

任何梦想成为专业运动员的人，无论天赋有多高，都要学习基础技术才能参加比赛。如果球员在很小的时候学习的是错误的步法，养成了盲目投篮、草率运球之类的坏习惯，随着年龄的增大就越难纠正。球员越小，越缺乏经验，这些坏习惯就越容易改掉，学到的正确技术可以接受一生中所有篮球比赛的检验。教练可以通过很多事情改变青少儿球员的生活，如教授他们基础知识和传授努力训练的价值观，与他们一起拼搏，指导他们与教练、队友、对手和裁判合作，以及详尽地向他们阐述比赛本身所具备的意义。针对那些打了几年篮球并且具备一定基础的球员的书很多，而针对那些连基本规则都不懂的球员的书很少。很多孩子还没打好基础就想参加学校（初中或高中）的比赛，结果却发现自己只能坐冷板凳，或者被球队除名。他们可能知道如何把球投进篮筐，但却不会用非惯用手运球；他们每次带球转身都会走步，防守也总是不堪一击。本书就适用于这样的孩子和他们的教练。

此外，本书还要帮助新手教练在培养出基础扎实的篮球运动员的同时，打造一支全能的球队。所有的球员，无论他们的技术水平如何，都可以通过学习如何正确地打球而成为球队的财富。作为一名教练，你的目标就是让团队中的每个成员都做出自己的贡献。这会给每个人（包括负责人）带来积极的体验。我们开始吧！

学习基础知识

在与新球队一起进入篮球馆之前，新手教练还有一些基础性的工作要做，如准备合适的训练器材、做好医疗救护的准备、了解篮球馆的开放时间和照明灯的开关位置，以及你在篮球包里放些什么才能确保每次训练都能顺利进行。新手教练在准备新赛季的时候很容易忽略这些细节，所以这一章可以作为赛季初必做工作的检查。

◎ 了解篮球馆

在赛季开始之前，你先要了解将在哪里训练和比赛、球馆的布局如何，做到心中有数，这样就可以因地制宜地制订训练计划了。尽量提前到场察看篮球场的大小是否标准，端线、边线、罚球线、中场线等的标记是否清楚、准确，篮筐的数量（大多数球场至少有 2 个，但有些球场可能有 6 个）。

然后，看看篮筐是否可以调整到适合刚开始学习篮球的小球员的高度。你进入篮球馆要钥匙吗？如果有问题，应该与谁联系？现场有存放篮球的储藏室吗？它锁没锁？你须要自带篮球吗？

第一次训练，你要确保准备了以下器材。

·**篮球**。球的大小很重要，尤其是对于手小的青少儿球员来说，小一点的球让他们更容易支配。球员因此可以掌握良好的控球技能和投篮动作。大多数青少年篮球联赛或锦标赛一般使用 28.5 英寸（72.39 厘米）的 6 号球，有一些五年级及以上的男子篮球比赛用 29.5 英寸（74.93 厘米）的 7 号球。

如果你的篮球俱乐部或篮球馆提供篮球，你就不用操心了。但如果没有，你须要买篮球和一个网兜或大的健身包来携带它们。（另一种选择是要求球员自己带球训练，但是教练应该总是带着至少 1 个或 2 个自己的篮球。）理想情况下，你应确保每名球员有 1 个球用于个人控球训练，如果有困难，应尽量做到每 2 名球员至少有 1 个球。如果你的球队有 12 人，那么你至少要有 6 个篮球。有一种专门用于训练投篮技术的篮球，上面有手印和定位线，这种球可以帮助球员形成一个正确的投篮姿势。

你的篮球越多，球员在训练中等待的时间就越少。一定要记得带篮球，有比赛时至少要带 2 个球（用来热身）。有些联赛会要求自带比赛用球。

· **分队服**。分队服可以让你在设置攻防训练时区分 2 支球队。在比赛中如果 2 支球队的队服颜色相近，它们也可以替代常规队服。在任何一家体育用品商店都可以买到各种颜色的分队服。你手头要有 5 套分队服，这样你就可以组织全场或半场 5 对 5 的对抗性训练或比赛了。

· **急救箱**。有些联赛可能会在比赛期间将急救箱放在记分员的桌子上，不过你不要指望它，它很少能发挥应有的作用。当球员受伤或者教练忽然感到自己的偏头痛发作时，在现场找到运动防护师或专业医疗人员会很难。所以，教练应做好充分的医疗救护准备，如胶带、绷带、一次性冷敷冰袋和其他快速处理伤口的医疗用品，这些都可以在网上订购。你可能想不到，如果你不准备急救包，你在训练或比赛中仅是寻找绷带或冰袋所浪费的时间就很惊人。而现在，你可以在短时间内处理球员的伤势，让他们重新投入比赛。不管使用联赛提供的急救包还是使用自己的，你还要为自己再添加至少两样东西——决心和耐心。它们将是你最有价值的助手，没有它们，这可能是一个漫长的赛季。

· **白板和记号笔**。在训练或比赛时，这些工具可用于标记防守和进攻的位置，并显示攻防转换。白板使用方便，而且可以重复使用，效果比凌乱的纸要好得多。大多数联赛不会提供白板或记号笔，教练要自己购买这些物品。

注意，坐在替补席的球员可能会在白板上信手涂鸦，可能会早早地用完记号笔。为了防止这种"意外"，教练应在每场比赛前多准备 1 支记号笔，2 支套装的那种更好。对于教练来说，没有什么比在想出了一个妙招却没笔可用时更令人沮丧的了。

现在你已经准备好了训练器材，还要熟悉场地设施。如果你是在俱乐部或校队工作，训练时间和场地通常会有保障，且训练时间安排上有很大的选择余地。这对你的执教来说还远远不够，关键是要充分利用现有资源。你要组织好训练课，还要了解以下内容。

- **洗手间在哪里？** 这个问题的答案可能是最重要的，因为你会经常面对这个问题，所以你最好在首次训练的第一分钟就知道答案。

- **要训练多长时间？** （1周训练几次？每次训练多少分钟？）你希望每周至少有2次60分钟的训练，但你可能不得不压缩每次训练的时间。因为在篮球赛事密集的时段，场馆训练的机会非常难得，而青少儿球队又通常不被优先考虑。如果是这样的话，你要充分利用现有的资源。

如果球员每周能有1次在家里或在其他地方进行额外训练来提高基本技能，那么球队1周1次的训练仍然是卓有成效的。教练要开诚布公地与球员家长进行交流："我可以让孩子们在1周内一两次的训练中，学习他们要学的东西，但为了他们的成长，他们还要在家里加练。所以，我希望得到家里人的帮助，使训练成为孩子日常生活的一部分。"如果你得不到家长的支持，也不用担心，尽你所能做到最好，把复杂的事情简单化，将技能训练贯穿整个赛季就好。记住，你和这些孩子是在跑马拉松，而不是短跑。

- **要用多大场地？** 如果你可以使用整片场地是最好的，这样球队可以更快地适应比赛环境。但如果球场的尺寸不标准或者只有1个篮筐，你就必须相应地做出调整。如果你跟另外一支球队共用1个场地，就只能用1个篮筐训练。本书列举的大多数训练都不受场地限制，可以在任何大小的场地上完成，也可以在单个篮筐的场地完成。再不济的话，还可以在两条边线之间进行传球、控球之类的训练。

- **要用多少个篮筐？** 1个篮球场地通常可以安装6个篮筐。如果场地有额外的篮筐，你可以把球员分成许多组，让他们同时进行训练。这将使你加快训练进度，在规定的时间里完成更多的训练内容。一般来说，如果球队的人数多，使用多个篮筐训练的效果会更好。但是，全队使用1个篮筐也有好处，方便你观察和指导全队，并且每名球员都能听到你的声音。任何情况下都不要气馁。即使只有1个篮球和1个篮筐，你照样可以教给球员很多的篮球技能。

显然，你很想使用正式的场地展开训练，这个场地标线分明：端线、边线、中线、罚球线，以及三分线等（如图 1.1）。这样，球员在训练或比赛时就不用再适应场地了。

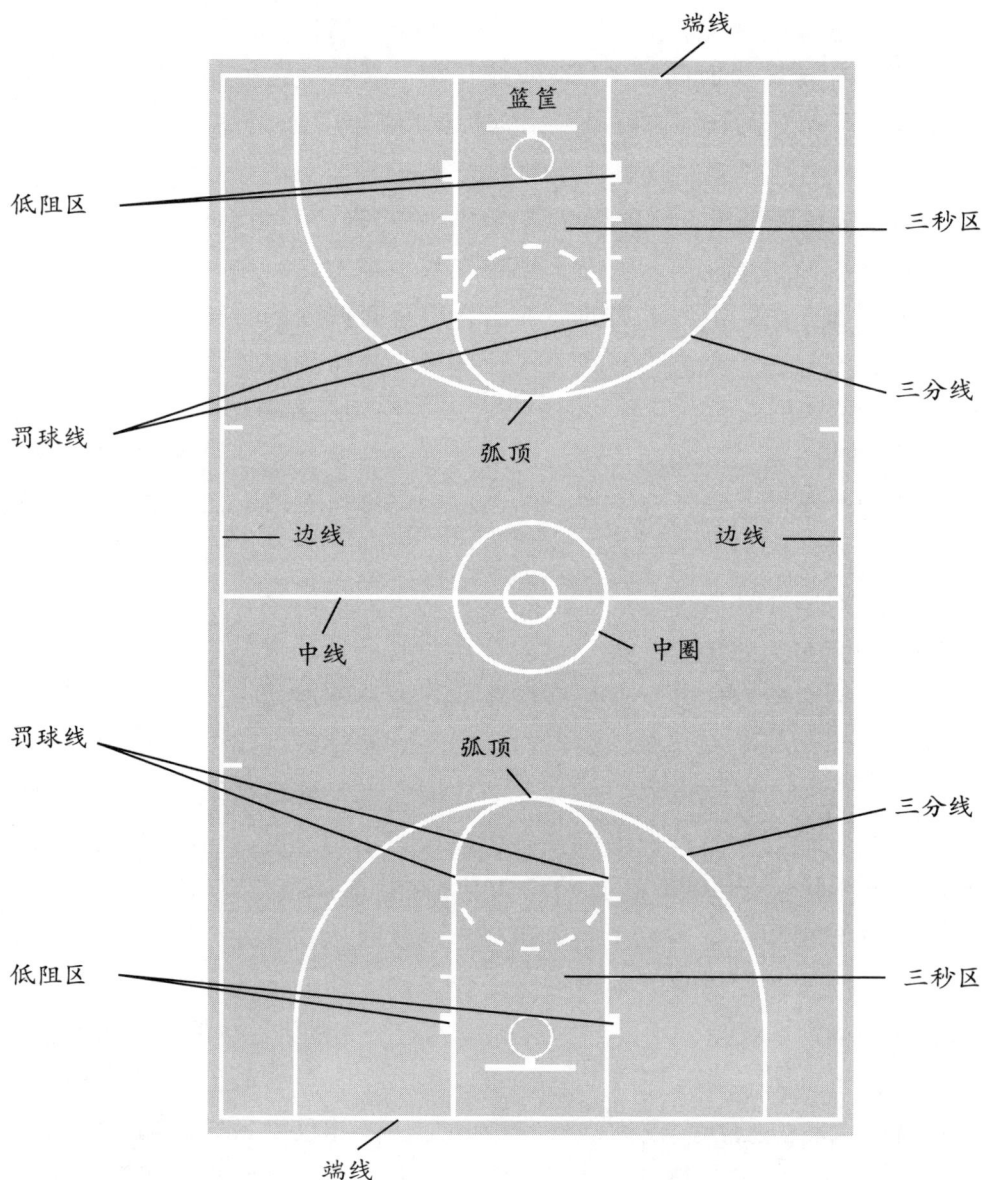

图 1.1 篮球场地示意图

如果篮球初学者在训练时只使用 1 个篮筐，他就可能适应不了场上有 2 个篮筐的正式比赛。如果你的球队在整个赛季没有因为把球投进了自家的篮筐而让对方得分一两次，你真的应该感到幸运。在一场比赛中，教练要多次提醒球员防守哪个篮筐。这是教练与这个年龄段的球员一起工作时应想到的。

你还要检查篮筐是否可以降低。现在，许多新式篮球架的篮筐都可以调整高度以适应青少儿球员身高的需要。把篮筐从 10 英尺（3.05 米）高度降到 8 英尺（2.44 米）可以培养球员良好的投篮技术，让青少儿球员有一个更真实的投篮体验。

◎ 了解规则

联赛和锦标赛的规则因年龄和各地习惯不同而不同。作为教练，你要了解这些规则并相应调整训练计划和比赛计划。下面是你要在赛前解决的一些问题。

· **比赛要持续多长时间？** 比赛分为 4 节或 2 个半场。你要弄清每节的时长，它会因球员的年龄不同而改变。比赛分为上下半场的，半场时长通常为 16 ~ 18 分钟；分为 4 节的，每节时长通常为 5 ~ 7 分钟。你要弄清楚时间是连续计算还是会因场上出现罚球、犯规等情况而停止。比赛的时长和节奏会影响你对球员个人上场时间和换人的决定。

· **几次犯规以后才会罚球？** 一些联赛允许 1 支球队半场犯规 6 次而不额外判罚，在第 7 次犯规时，即使是非投篮犯规，也会判对方罚球。一方在第 10 次犯规时，对方将获得 2 次罚球机会。

不过，篮球比赛的规则不尽相同。在一些联赛中，"让他们玩"的理念盛行，球员犯规很少被裁判叫停，也不记录个人或球队犯规的情况。有时这样做是为了确保比赛按时结束，尤其是后面还有其他比赛的时候。不管是什么情况，你都要了解规则，这样才能更好地管理球队。同时，你要让球员从练习防守开始就要知道犯规是如何影响比赛和他们个人的上场时间的。

· **每场比赛允许暂停多少次？**每半场 2 次、3 次，还是更多？叫暂停的时间越长，你就越能更好地管理比赛和指导球员。如果暂停时间太短，你就只能在赛前训练中指导球员做好相应准备，同时简化你的策略。

· **球队在防守时可以运用全场紧逼防守战术吗？**有的联赛会允许球队在每半场结束或比赛结束时运用全场紧逼防守战术。大多数初级联赛则不允许这样做。如果你的球队有被对方球队紧逼的可能，那就要在赛前训练中做好准备了。

· **每支球队都要提供 1 名记分员吗？**在许多锦标赛和联赛中，每支球队都要提供 1 名志愿者协助裁判整理比赛记分表或翻记分牌。通常情况下，教练可以找球员家长帮忙。一些球员家长可能会逃避这份差事，并声称他们从来没干过这样的事。新手教练要用灿烂的笑容来说服这些不配合的家长，并向他们做出保证："这件事并不像看起来那么难。"一般来说，裁判员知道如何操作记分牌，并能在几分钟内教会志愿者。而负责比赛记分表的志愿者只需记录球员个人得分和犯规的情况。裁判会喊出每名犯规球员的号码，负责比赛记分表的志愿者只需在记分表上找到这名球员的姓名和号码并做上记号即可。

此外，在青少儿球员比赛时，一些传统的规则可能被修改或忽略。在最低龄球员层次，这些规则可能会在双方教练和裁判都同意的情况下做出调整。裁判会在赛前通知教练对规则做出了哪些调整。这些可能被忽略或变通的规则包括：

· **走步**。裁判可能允许小球员在运球时走步。

· **两次运球**。裁判可能允许小球员有两次运球的情况。

· **罚球**。罚球线可能会向端线移动以便小球员能够将球投进篮筐。

问题的防范

教练们很快就会发现，要组建一支成功的球队，除了要具备指导一场伟大比赛的基本要素外，他们必须扮演多种角色，比如兼职家长、指导员、家长的顾问、医疗助理，也许还是奇迹的创造者。如果教练把注意力集中在球员的最大利益上，比赛通常会进展顺利。但当比赛没有按计划进行时，如球员受伤、家长有意见等，你也要做好准备，这些情况都需要教练参与进来。

◎ 保护好球员和你自己

联赛和锦标赛通常会要求球员提供保险证明和受伤免责表。为了应对任何可能出现的医疗紧急情况，你最好要求球员填写如图 1.2 所示的医疗卡，内容应该包括紧急电话号码、医生电话号码和医疗信息，并与急救箱一起保存，以便在训练和比赛时使用。

在训练中，大多数事故发生时没有其他成年人在场。因此，教练必须接受急救培训，为可能出现的医疗紧急情况做好准备。强烈建议你参加心肺复苏术（CPR）培训课程。你不是医生，但在很多情况下你是第一急救者，所以你要随身携带手机，以便在紧急情况下拨打急救电话。

对于球员发生的常规的运动损伤，教练有医学常识并接受过急救训练就可以处理。例如，当球员流鼻血时，让他坐下来并前倾身体，捏住他的鼻梁就能止血；当球员脚踝扭伤时，脱下他的鞋子并让他躺下，立即用冰袋敷贴伤处，并将其脚踝抬至高过头部，以防肿胀。你除了要掌握划伤、擦伤、眼青鼻肿、流鼻血和脚踝扭伤的处理方式，还要熟悉一些常见疾病的处理方式，如糖尿病和哮喘，你须要辨识这些疾病的症状并知道如何应对。

最重要的是，你要让孩子们学会在训练和比赛中保护自己。篮球是一项有身体对抗的运动，在某种程度上允许冲撞。针对那些在训练中似乎有用不完精力的球员，你可以找个有效的方法让他们发泄一下，如让那些精力过于旺盛的孩子围着篮球馆跑上几圈后再继续训练。这样做不仅能避免他们在球队中捣乱，还会让他们在比赛中有良好的体能来回奔跑。

医疗卡

球员姓名 _____ 年龄 _____

家长或监护人联系方式

姓名 _____

地址 _____ 家庭电话 _____

父亲或监护人单位电话 _____ 手机 _____

母亲或监护人单位电话 _____ 手机 _____

紧急联系人（无法联系家长时）

姓名 _____ 电话 _____

医疗信息

过敏史 _____

生理疾病 _____

医生姓名 _____ 电话 _____

医疗授权书

　　以下签字人允许主管教练授权合格的医务人员对以下球员进行必要的紧急治疗。一旦发生紧急情况，主管教练将尽一切努力立即与家长联系。

球员姓名 _____

父亲或监护人签字 _____

母亲或监护人签字 _____

图 1.2　医疗卡的样例

◎让家长参与进来

　　召开家长会是让家长参与进来的有效方式。首先，先把你所有的联系方式（家庭电话、工作电话、手机、电子邮件）提供给球员家长，并向他们说明什么时间与你沟通最好。当然，你也要得到他们的相关信息。

其次，详细阐明你对球员的期望并了解球员对你的期望。最后，请家长们提问。

最关键的问题肯定是每个球员的上场时间（你要尽量使所有球员有均等的上场时间）、训练和比赛日程（时间、地点、密度），以及球队目标（是提高基本技能，还是获胜）。你要让家长们知道你在管理团队时需要他们的帮助，比如他们要把孩子带到训练和比赛的场地，帮助记分，督促孩子在家练习。

有些家长会积极响应你，并以任何可能的方式提供帮助。有些人甚至会主动提出要成为你的助手（这是个不错的主意，只要你能把握主动权）。当然，也会有家长不介入孩子的活动，把孩子送进篮球馆后就消失得无影无踪。对教练来说，不管球员家长的态度如何，定期与他们保持联系很重要，可以用电子邮件或即时通信工具介绍球员的进步、训练和比赛计划。

你也可以不定期地与球员家长单独联系，不管是伤病问题、纪律问题，还是表扬他们孩子的上佳表现。你要使他们确信你可以帮助他们解决任何问题。多聊几句总是好的，至少家长会知道你关心他们的孩子并为孩子们着想。

如果你与球员家长出现了矛盾，则应该在场外处理，不要在其他球员和家长面前公开处理。如果球员家长对比赛场上发生的事情有意见，那么你不要在比赛时跟他们争论。双方都应冷静下来再进行沟通。如果家长坚持要立即解决这个问题，那么你要告诉他们现在不是时候，你会在第二天联系他们。此时此刻，你在展示自己的公众形象，你的行为举止向其他家长传递了你的性格信息，不是你反击、固执己见、大喊大叫、挑衅对抗、反唇相讥，甚至大动肝火的时候。记住，无论家长的表现如何，你要表现得很冷静、很专业。

这种不愉快有时可以通过提前做工作来避免。赛季前，你可以在非正式的家长会上解决关于球员的上场时间和场上位置的争论。如果解决不了，你也要时刻保持耐心和决心，并记住这样做是为了孩子们，而不是你自己。

家长们通常希望尽可能早地知道比赛和训练的计划，这样他们就可以相应地安排自己的时间。尽量固定训练时间（如周二和周四的下午 5 点），并坚持下去。如果不能固定，就要尽早向家长解释原因。任何因工作冲突或伤病而造成的日程安排异常问题都应尽早处理。没有什么比在最后一刻改变计划更能造成家庭混乱的了。教练如果能够灵活应对出现的问题并为家长着想，这对教练与家长的关系促进是一个很大的加分项。

对于青少儿球队来讲，零食时间是必须安排的。很多时候，赛后向球员提供零食成了联赛的规则。如果是这样，你在召集家长开会时要带上一张签到表，让给孩子带零食的家长签字。零食要轻，便于携带，这样便于孩子们在赛后拿起来就吃。有的家长可能忘了带零食，所以，你要准备一些好吃的东西。输掉比赛固然会打击孩子的自信心，但远不如在一场艰苦的比赛后没有零食吃那样具有破坏性。

整齐划一、专业的着装不仅反映了球员和整个球队的情况，也可以向球员传达尊重比赛的信息。篮球服不仅要看起来合体漂亮，而且要安全舒适。装备包括篮球鞋（不是跑鞋）、袜子、篮球短裤、T 恤，以及护膝。即使联赛或锦标赛没要求戴护膝，你也应该要求球员戴上。

球员一般不喜欢戴护膝，但护膝对于孩子们来说就像棒球运动中的头盔一样重要。孩子戴上护膝可以预防严重运动损伤的发生。在儿童发育早期，膝盖受伤可能导致其永久性的健康问题，而这些问题本可以很容易地避免。更为现实的问题是，任何类型的伤病都会影响球员的运动生涯。身体敏感部位（如膝盖）受伤也会使球员对高强度比赛失去信心，因为他们害怕再次受伤。

在训练和比赛时，禁止球员佩戴任何首饰，如耳环、手表、戒指或发夹。头发也不要太长，不要遮住脸部任何地方，戴上发带，而不是做各种发型；把上衣塞入运动短裤；系紧鞋带。为了让球员理解着装要求并形成自觉，教练要经常提醒球员。一开始，孩子们可能会抱怨，但很快就会习惯并做好准备。

每名球员都要带着自己易于辨识的水壶参加训练和比赛。你可以在训练和比赛中要求球员少量、多次地补水，在比赛前后饮用运动饮料。让孩子们及时补水是非常重要的，在高强度的训练中及时补水也是必须的。当然，在为孩子们着想的同时，你自己也要记得带上一瓶水。

明确你的执教理念

简单地说，教孩子们打篮球是给他们提供一个积极、健康、有趣的成长方式；更深层次地说，教孩子们打篮球是在培养未来的篮球明星。就连迈克尔·乔丹这样的巨星曾经也不知道如何打球，必须有人指导他才行。

不过，你要校正自己的期望值：下一个迈克尔·乔丹很可能没在你的队里。你的教学对象都是篮球初学者，有些孩子甚至对篮球一无所知，大多数人在上了高中以后甚至不会参加校队代表学校打比赛，更不用说因为打篮球获得大学奖学金或成为职业球员了。

所以，你要清楚自己的角色，你的工作就是教授孩子们学习篮球基础知识和基本技能，并引导他们尊重比赛、遵守规则。在教学中，你可以跟孩子们开玩笑，让孩子们在学习的时候保持笑声，同时你也不会被气得怒火中烧。

赢得比赛不应是你的首要任务，胜利只是一种额外的奖赏。你要追求的是，这些青少儿球员在运动中获得了很好的体验，他们玩得很高兴！怎样才能做到这一点？你要有幽默感，不管是对自己还是对球员；欣赏他们本来的样子，不要因为他们学不会而批评他们；让每名球员都觉得自己与球队休戚相关；轮换他们在场上的位置，并在训练的某个时刻强调某个球员的优点，如一个出色的表现、一个令人兴奋的动作，或者很快地领会了你传授的训练要点；传授训练要点时，不要直接告诉他们答案，而是通过提问的方式启发他们的思考，在进入主题前问问他们遇到你要讲解的这个特定情况时该怎么处理。

如果你的训练方案有组织、成体系，无论输赢次数多寡，你都会成功。不管球员的水平如何，他们都能从自己的经历中汲取经验和教训，体会"赢得漂亮，输得体面"的体育精神。

　　孩子们在学习篮球比赛的同时，也在领略生活。他们懂得了通过团队的努力可以实现共同目标；勤奋、自律、坚持可以换来更好的结果；克服困难才能达到更高的目标；认识到生活并非一帆风顺，要想有所成就必须付出努力，不懈奋斗。

　　教练是孩子们开启发现之旅的向导。球员和教练很难自始至终都笑对一切，我们都见过孩子们（甚至一些教练）在输掉比赛后伤心流泪。但是，聪明的教练并不把输球当作失败，而是把它当成一个学习的机会——一个衡量球队目前的水平并且让球员和教练明确接下来该做什么的机会。

　　提前让球员和家长知道你的教学目标，这样做是为了让每个人（包括你自己）都清楚你在做什么、为什么要这么做。为球队设定特定的目标是你与每个人进行沟通的有效方式。赛季开始时，你要让球员慢慢地进入状态，然后帮助他们用强势的表现来结束赛季。当然，目标要根据球队的技术水平和球员的年龄来定，不能脱离现实。对于都是篮球初学者的球队来讲，可以把目标定为最后两场比赛拿到两位数的分数，或是在赛季结束时每个孩子都能打板进球得分，或是所有球员在比赛中能用非惯用手运球至少 3 次。

　　每个进球都应该庆祝，方式可以是球员们互相击掌，也可以是教练在赛后给他们每人来个冰激凌。拍拍孩子的后背意味着你注意到了他在场上的努力并表示赞赏。像这样的动作，教练做多少都不为过。通过这样的举动，教练能建立起一个更为成功的球队。那些公开受到称赞的球员，会有一种持续进步的动力，这样他们就能再次体验那份荣耀。

　　我们不仅要称赞球员那些显而易见的成功（打入制胜球或者一个精彩的抢断），还要称赞那些更为细小的成就，如球员扑向地板抢球，小个子后卫在大个儿们的夹缝中争抢篮板球（哪怕最后一屁股坐在地上劳而无功），罚球时球打在篮筐上等。教练要为球队中的所有球员创造一个健康向上的环境，不仅仅限于球队明星或具有天赋的球员。这可以通过以下几种方式实现。

　　·给球员均等的上场时间。在球员学习篮球的初级阶段，每名球员上场比赛的时间要均等。教练可以通过叫战术暂停（比赛开始、上半场临近结束或全场比赛临近结束），让更优秀的球员上场以改变局面。但除此之外，你要不断地调兵遣将，让每名球员都有上场的机会。

· **轮换球员的位置**。在整个赛季，你应该让后卫、前锋和中锋互相交换位置，让他们了解每个位置的职责和学习相应的技能。让球队个子最高的球员尝试控球后卫，让个子最小的控球球员体验中锋的感觉。球员们会爱上这样的冒险，每个人也会对比赛有更深的理解。

· **鼓励球员课后多练**。要想在篮球领域有所发展，球员们还要靠自己自觉训练。这殊非易事，毕竟不是每名球员都很自觉。尽管如此，你还是要给孩子们布置课后作业，当然，你也不能指望他们都能完成。要让球员和家长明白，这属于额外学习而不是额外负担。

· **提高球员出勤率**。要记住，球员有时迟到或者缺席训练，可能并不是他们自己的过错。或许是球员的父母有时间冲突，或许是球员生病了，又或许是学校布置的作业堆积如山。所有这些都是正当的缺勤理由，教练对球员不应过于苛刻。但是，你要奖励那些经常按时参加训练的孩子，如让他们选择自己最喜欢的训练内容。你要当众肯定他们这种奉献精神，但对那些做不到按时出勤的孩子也不要横加指责。

· **鼓励团队协作**。不管是什么样的球队，自私的球员总能毁掉球队长期形成的默契和友情。如果所有球员都能做到无私无畏，不但能享受比赛的过程，还能享受胜利的果实。教练应告诉球员们，"传球第一、投篮第二"，要把球传给处在空当位置的队友。球员在学习篮球的第一天就要懂得把球传给有更好投篮机会的队友。同队友一起分享篮球可以使每名球员都意识到自己是球队的一部分。这是一种理念，教练应当在每次训练和比赛中进行强调。

· **尊重裁判**。裁判通常会做出正确的判罚，但偶尔也会做出错误的判罚，你要理解，不要用激烈的言辞抨击他们。你与裁判交涉时要表现得专业，因为你的举止会影响球员们的行为。多数裁判都会向你解释他们判罚的理由，你冲他们大喊大叫没有任何好处，甚至会伤害整个球队。你的一举一动也会被看台上的球员家长所看到。

· **注重培养球员的体育精神**。从一开始，你的球队就不要把注意力集中在别的队在做什么上，而要集中在自己和队友要干什么上。其他的球队是对手而不是敌人，所以你要教育球员应尊重对手。在比赛中，拼尽全力而不是恶意犯规就是对对手的尊重。在赛后，无论输赢，都要向对方表示致意。

·要胸怀大局。作为一名教练，你始终处于教育者的角色，任务就是把孩子们的篮球素质从初级水平提高到中级水平，重点是提高他们的技能和身体素质。教学游戏就是这种理念的产物，而不是为了单纯地训练或者玩耍。不惜一切代价赢得比赛会使你的执教理念偏离初衷。你可以问问自己："要求一群 10 岁的孩子赢得比赛到底意味着什么？我的球员学到了什么？球队是作为一个整体进行比赛吗？球员们的技能水平有没有提高？"

你对胜利要树立正确的态度。高中校队的教练通常会要求参加篮球训练已有很长时间的球员超越自己的极限，在比赛中努力拼搏。赢球是对那个年龄层次球员追求高水平目标的回报，是球员在整个赛季天天努力训练的证明。参加比赛并在与强敌的较量中最终获胜，是球员们应对日常挑战的一种动力。

然而，你是与那些刚刚开始学习打篮球的孩子一起工作，所以技能训练应该始终是你的教学重点。如果孩子们不能像专业篮球运动员那样学习和成长，不惜一切代价赢得的比赛就没有任何意义。因此，你不仅要经常评估球员，也要经常评估自己，看看自己的训练安排是否最有利于孩子的成长。你要做到：为球员树好榜样，为球队和每名球员设定明确的目标，帮助孩子们最大限度地发挥他们的潜力；建立适合他们年龄段的执教风格，并及时与球员家长沟通；认识到不同的球员，其学习和提高的速度不同；教授篮球技能的进度要适当，最关键的是要有耐心，你要教授的内容并不仅仅是篮球，还要教他们关于增长本领、克服困难以及团队协作方面的内容；科学地安排训练，清晰地表达意图，更多地关注细节，并授权球员家长参与进来（球员家长的参与有很多形式，如在比赛中记分、为球员们烤制饼干，或者在家帮助球员训练）；使自己乐在其中，如果你很享受执教的乐趣，球员们就会乐于向你学习。

教练手记

✔ 确保准备了篮球、分队服、急救箱和白板等训练装备。

✔ 规划使用篮球馆，并根据实际情况调整训练日程。

✔ 知道洗手间的位置。

✔ 了解联赛的规则（暂停、半场的时间等）。

✔ 收集球员的医疗卡和保险凭证。

✔ 让家长参与进来，并让他们了解训练的情况。

✔ 确保每名球员都有合适的装备，尤其是护膝。

✔ 别忘带零食！

✔ 设定团队目标，强调体育精神。

✔ 赢得比赛是一种褒奖，而不是全部。

第二章

组织球队训练

准备时间结束了。现在你面对的是一群穿着篮球短裤、淘气的家伙，他们甚至会因为一件小事就肆无忌惮地大喊大叫、在地板上打滚、抢球，就像脱了缰的野马。你的任务就是把他们的注意力集中在篮球上。那么，在接下来的 60~90 分钟里，你将如何让他们收心并保持注意力集中呢？穿着马戏服骑着独轮车，像小丑一样在保持平衡的同时玩转 3 个篮球？不，那可不行。

组织训练意味着你身兼多重角色，除了教练，你还是老师、训练监督员、治疗师、医疗助理、主持人。对任何一位优秀的主持人来说，保持节目的流畅性是至关重要的。优秀的教练也是一样，保持训练组织的流畅性可以让孩子们享受到更多的训练乐趣。不过，在一项训练上投入太多时间可能得不偿失，孩子们即使不反感也会走神，训练效果可想而知。

要知道，你所面对的这群孩子的注意力持续时间可能像点击鼠标和操作遥控器那样短，如果新事物不能激起他们哪怕一秒的兴趣，那就糟了。不管男孩还是女孩，他们已经神游天外，去想别的事了。孩子们不能把你怎么样，但他们可以在头脑里将你拒之门外。所以，你要格外关注孩子们那些游移的眼神、挪来挪去的脚步、轻敲地面的脚趾和无所顾忌的呵欠。这里有一些让球员保持注意力的小技巧。

· **跟他们交谈，而不是说教。**把演讲的那份稿子留到你的名人堂颁奖典礼吧。最好的做法就是行动和参与，并用行动带动他们。向孩子们演示动作要领，让他们跟着做，然后在他们做动作的时候进行纠正。对孩子们来讲，他们亲自做要比站着看学得更快。因此，你要让所有的球员都参与进来。场面混乱也没关系，大不了重新开始整队。你要记得面带微笑，偶尔跟孩子们开个玩笑也不错。

· **学习苏格拉底，进行提问式教学。**众所周知，苏格拉底是一个善于提问的人。你可以学习苏格拉底向孩子们提问："谁能告诉我反弹传球和胸部传球的区别？"然后找一个有球的孩子，让他做个示范。这个时候，你就可以说："看，没那么难吧？"这样做也可以引导孩子反思自己，从而更加积极地融入学习。如果孩子们在开始的时候有些懒散，那也不是什么大不了的事。跟他们一起笑出声来，并鼓励（不是说教）他们坚持下去。你的工作任务是在一个赛季内完成的，不是一锤子买卖，因此，你的每堂训练课都像是在搭积木，不要指望"毕其功于一役"。

上好第一堂训练课

从很多方面来说，无论是教练还是球员，第一堂训练课都是最重要、最具挑战性的。就像开学第一天一样，教练不确定自己会是一个什么样的状态，因此必须做好充分准备。球员的脑瓜里则装满了各种未解的问题：球场是什么样的？教练凶不凶？教练会喜欢我吗？当然，也会有一些孩子没有学习的欲望，只是想利用打球的机会在家长的视线之外玩个够。有一些家长也会在篮球场边走来走去，看看你在做什么、教得怎么样，所以你要做好充分的准备使教学生动有趣。你不仅要与孩子们建立信任，也要与他们的家长建立信任。你在舞台中央，你的一言一行都影响着球员和家长对你的看法。有些家长想在训练前跟你聊上几句，很多时候只是很随意的一些话题，但这些闲聊可能会占用训练时间，所以你一定要把握好度，尽量准时开始上课。

教练可以通过井然有序的训练组织来打消球员及家长的疑虑和不切实际的期望，因此每次训练课，你都要制订计划并从开始就掌控局面。如果你的第一个计划，甚至第二个计划效果不佳，也没什么要紧的，至少你对每堂训练课要做什么、怎样去教做到了心中有数。即使每次训练课只完成了大部分教学内容，你教授的篮球知识也比他们之前学到的全部都多。你在训练计划里多准备一些内容也是可以的，如果在一次训练课中没有覆盖全部内容，可以留到下次再教。在教授一个新的概念时，你最好提前去篮球馆亲身体验一下，这样你就可以在孩子们到来之前明确如何教他们。如果你漫无目的，想到哪教到哪，就会给接下来的教学定下错误的基调。能否用上几分钟来规划就成了卓有成效与劳而无功的区别。

设定目标和制订计划一样重要。教练不是偏执的专制主义者，而是一位平易近人的老师。虽然你不是他们的伙伴，但你是他们的导师。你的目标是帮助孩子们学会享受和尊重一场伟大的比赛，而不是用一连串的胜利来提升你的自尊，为今后晋身青少儿篮球功勋教练铺路。

第一次训练时，你可以通过相互的自我介绍来打破沉默。球员们了解了你是谁、你的期待是什么，就会为一个有趣的赛季打下基础。没有人喜欢一个从一开始就要求追求完美而爱发怒的教练。努力改进，而不是一味追求完美，球员和教练都要明白这一点。教练的作用是帮助孩子们开发他们的潜能。你不要指望每个人都成为球星，但你要让他们每个人都积极进取、在每次训练和比赛中积累经验。

最初几堂训练课是球员和教练双方适应的阶段。你别想通过为数不多的训练就能缔造一支成熟的球队。相反，你要与球队整体和球员个人建立紧密的联系，只有这样，你才可以在接下来的几个月中获得成功。你要刻意营造一个氛围，让球员知道你是谁、你有什么样的打算，同时要了解球员们的情况以及他们想在你这里学到什么。第一堂训练课上发生的事情会影响第二堂训练课。你会逐渐明白该给孩子们设定什么样的目标并确定如何培养他们，然后在赛季余下的时间里进行微调。

教练在开始时就要帮孩子们树立信心。很多孩子在意识到打篮球远非把球投进篮筐那么简单时，内心会感到困惑，有些孩子会认为自己没有篮球天分而失去信心。当然，也有些孩子跃跃欲试。你要马上告诉他们，会不会打篮球并不重要，重要的是他们从现在起能学到什么，努力学习就会有收获。你说什么和怎么说对他们至关重要，如果你态度消极、吹毛求疵，孩子们就会茫然无措，进步甚微。因此，你要支持孩子们并给出积极的建议，这对孩子们的心智发展和比赛策略都很有帮助。不要过多地做出一些孩子们理解不了的解释，一次就说一件事，这样球员就能理解你的意图。要记住，每个人都有自己的学习节奏。

◎ 了解你的球员

开始训练前，你要先向孩子们介绍自己和助理教练。然后带孩子们到篮球场地上看看，让他们了解所有标志线和标记的意义。你可以通过问答的形式边走边讲，这样能够很好地与球员进行互动。在训练时，教练可以就标志线、标记的意义对球员进行考查，并给掌握最好的球员发零食以示奖励。正确的训练方式是教练负责、球员随时向教练提问。

教练在介绍完自己以后可以让球员们做简单的自我介绍，叫什么名字，最喜欢吃什么，他们的宠物叫什么，最喜欢哪门学科（体育除外）。他们的回答可能会给你带来一些欢笑，你也大体了解了他们的个性。在心里记住他们说的话和他们的性格特征：有些人安静内敛，有些人大胆直率，有些人幽默风趣，有些人自以为是，有些人犹豫不决。这是你第一次深入他们的内心世界，将便于你因材施教。如果一个孩子很害羞，你就要意识到他可能会因为被单独叫出来而感到窘迫，须要用积极的话语来鼓励他，这样在以后的交流中就会少些障碍。

你要特别注意与球员的单独交流，尤其是训练前后、喝水休息的时候，哪怕只有几秒钟的时间聊聊学校、家庭作业，或者一件新 T 恤，你就能通过看每名球员的眼睛了解很多信息。如果一个球员穿了一双粉色球鞋，你就可以抓住这个机会开始一段对话。

在开始的几堂训练课中，你要评估每个球员的运动能力和技能水平。一些球员确实对篮球运动有所了解，一些球员自认为对篮球运动有所了解，而另一些球员则害怕被问到与篮球运动相关的问题。帮助这些孩子成为篮球运动员的第一步，就是注意到他们的差异，并因材施教。

你可能会发现孩子们在学习能力方面存在巨大的差异，特别是在早期。不要因为孩子运球时做不到身体重心下沉而放弃他，也不要高估那些看上去动作优雅的球员。要知道，一旦你教会孩子们正确地打篮球，他们之间的能力差距会迅速缩小。有天分的球员似乎拥有光明的前景，但善于学习、领悟力强、训练刻苦的孩子会很快赶上来。

孩子们在训练时的表现并不能代表他在比赛中的发挥。有些孩子在训练时表现很好，一旦上场比赛就会腿软。与此相反，有些平时在训练中提不起精神或者对训练无动于衷的孩子，一旦到了赛场就会活跃起来，发挥出上佳的运动表现。所以，你要时刻关注每名球员的情绪状态。你对孩子们的心理变化了解越多，你在指导他们的时候就越得心应手。

◎ 为第一场比赛做准备

如果球队仅训练一两次就要打首场比赛，你不要试图让每名球员在短期内学会所有的东西，那会让球员感到惊慌失措。篮球速成课只会压得孩子们喘不过气来，也会让你的血压飙升。你肯定想手拿战术板站在场边指挥比赛，而不是躺在医院的病床上输液。

记住，获得理想结果的唯一方法是时间与反复训练，但现在你两样都不具备。调低你的比赛预期，一次解决一个基本问题，为整个赛季打下坚实的基础。前两次训练还要包括以下要素。

·**热身运动和拉伸**。热身是为了提高身体核心部位的温度，增加肌肉的血流量和运动幅度，在心理上做好运动的准备，并伸展肌肉以防止拉伤。孩子们在做一件事情的时候，很少马上开始，而是慢慢地、自然地进入状态并投入到游戏或活动中去。学习篮球也是一样，热身运动是为了在训练或比赛中逐渐加快节奏和运动强度做准备。理想情况下，热身运动时间为 10 ～ 15 分钟，然后直接进入训练或比赛，如果时间不充足，热身时间可以缩短。

表 2.1 提供了一个基本但功能强大的常规热身套路。这可以使所有球员都马上行动起来，而不是在那里闲聊。热身运动是建立在动态拉伸基础上的，它使球员慢慢地达到他们的最佳状态。动态拉伸可以提高球员身体的柔韧性，并做好有氧运动的准备。理想情况是球员在活动关节之后进行至少 5 分钟的有氧运动，如慢跑、跳绳或能提高心率的其他活动，以促进血液循环。如果你只有 60 分钟的训练时间，那么须要减少热身项目的种类和时间，这样就不会占用过多的技能训练时间。

· **运球训练**。控球很难掌握，但你可以通过观察青少儿球员的运球动作发现一两个可造之才。他们能否从篮球场一侧端线运球走到另一侧端线而不使篮球碰到他们的脚尖？能否用任意一只手进行控球？

· **传球训练**。通过观察球员们传接球的方式，你可以评估他们的个人技术能力。有些人可能会用胸前传球，双手放松地去接球；有些人可能在 10 英尺（3.05 米）的距离上很难精确地传球，或者在接球时害怕被球砸着而躲让。

· **罚球**。这是另外一种快速了解球队技术水平的方法。一些孩子站在罚球线上罚球，球甚至够不到篮筐（你可以鼓励他们离篮筐近一点）。另一些孩子在投篮时，球从篮板上方飞出去了，因为他们不知道如何投篮。也许有一两个孩子能将篮球投进篮筐。教练要把这些情况记入档案，以备将来参考，同时你对每名球员要在哪些方面进行提高也做到心中有数了。

· **防守步法**。教练通过观察球员从场地一侧移向另一侧并撤步防守有球队员可以很好地了解每名球员的步法、速度以及平衡能力（参见第四章的详细说明）。

· **区域联防**。区域防守（在第六章中将详细讨论）是团队防守的一个基本组成部分，球员不应该跑来跑去追逐球。你除了要了解防守的基本原理，还要开始为教给球员基本的防守概念做好准备。球员须要学习与对手对抗和保护篮筐的身体姿势。

在区域联防中，单个球员的防区要比 1V1 防守的范围小很多，这也

表 2.1 热身活动示例

做热身活动时，要确保球员的呼吸正常。拉伸要以肌肉轻微拉紧而不感到疼痛为限。每个练习应当以正常的步速进行，距离不要超过 20 码（18.23 米），有特别说明的除外。

"脚尖 - 脚跟" 走	先踮着脚尖走，再翘起脚尖、用脚跟着地走，随后交替动作。
站姿抱膝走	在行进中，将一条腿的膝关节抱于胸前，放开后向前迈出一步，然后抱另一侧膝关节于胸前，交替动作。
单腿站立拉伸或股四头肌拉伸	轻轻地把脚跟拉到臀部（不要过度拉伸）以拉伸股四头肌，并保持平衡。练习时，可将一只手放在墙上以保持身体平衡。
弓箭步转体	右腿向前一步，左膝贴近地面，成半跪姿势，上身左转，然后右转。起立，换左腿向前一步重复动作。
侧弓步	单脚向身体一侧迈一大步成弓步，保持上身挺直。起身，双腿并拢，然后重复动作。
体前屈	单腿向前迈一步，俯身用手触脚尖。拉伸腘绳肌时，动作要缓慢、轻柔，球员的柔韧性较差时更应如此。
踢腿	向前走，双腿交替向前踢。开始时腿可以踢得低一些，等肌肉伸展开后再踢得高一些。
旁曳步	向侧方移动，重心要低，双腿不要交叉。掌握动作要领后提高速度和强度。
交叉步	右腿交叉于左腿前，抬左腿向左移动，然后将右腿交叉于左腿后，仍抬左腿向左移动。换腿，仿照前面的动作，向右移动。这个练习旨在加强臀部的灵活性。
上篮跳	在右膝上抬的同时将右手伸向空中，模拟上篮动作。然后，左膝上抬重复动作。做这个动作时，跳得越高越好。
高抬腿跑	以高抬膝和有力的手臂动作跑步。
退后跑	脚跟交替后撤，尽可能地跑起来。
直腿跑	跑步时保持腿部伸直，用身体牵引两腿运动。如果要领正确，这个模仿足球运动员在球门区庆祝进球的跑步动作可以加强短跑用到的肌肉力量。

是为什么先教授区域联防的原因（不过，你仍要明白，到赛季结束时，球队防守还是要以 1V1 的盯防为主）。但是，你不能指望孩子们马上就能学会。在第一次训练中，你能让孩子们理解"2-3"区域联防、各自在场上的位置就很不错了。你要在每堂训练课中一点点地教授防守知识，不要急于求成。

•**进攻方案**。传切配合（详见第五章）是比较容易学习的基本进攻配合之一。这种方法特别有效，因为它需要场上全部 5 名球员的参与。球员们可能要练上几节课才能完全掌握，但你在开始的时候最好是将传和切分开来教。换句话说，你应要求球员在把球传出去后不要站在原地。如果他们在传球后迅速向篮下切入，这就意味着他们理解了你所教授的基本进攻概念。

表 2.2 提供了一个前期训练计划示例，它涵盖了赛季初期训练必须具备的全部要素。尽管每次训练的内容都是不同的，但这个例子内容全面，可以很好地指导你组织训练，帮你快速提高评估球队在控球、投篮和防守灵活性方面的能力。每次训练中，你要给球员至少 1 次的补水时间，如果训练时间超过 60 分钟，特别是压力较大的情况下，可以增加补水的次数。这也给了你一个喘息之机，你可以喝点水。有时，即便是有经验的教练也受不了球鞋与地面摩擦产生的"吱吱"声。

补水时间还可以用来准备下半节课的训练器材，或者根据训练进度对训练计划进行调整。你也可以跟一两个球员单独谈谈，给他们鼓鼓劲（"你今天的罚球状态不错，是不是在家练过？"），或给他们一些建议（"你运球越来越棒了！如果你一直用左手的话，你会成为一个优秀的控球手"）。

表 2.2 前期训练计划示例

在赛季初期，教练应评估球员的个人技术能力以掌握球队的相对优势和劣势。训练时间应该主要用在提高和评估个人技能上，同时引入基本的团队概念。

训练时间	训练内容	训练组织
5：00 — 5：02	热身	绕场地慢跑 2 圈。
5：02 — 5：05	拉伸	拉伸手臂、肩部、颈部、背部和腿。
5：05 — 5：10	运球	从场地一侧的端线处开始，球员每人 1 个球，做以下动作：右手运球 2 个来回，左手运球 2 个来回，交叉运球（左手 2 次，右手 2 次）2 个来回。
5：10 — 5：15	传球	球员 2 人 1 组，每组 1 个球。每组 2 名球员，分开站立，距离 10 ~ 12 英尺（3.05 ~ 3.66 米），练习双手胸前传球、击地传球和双手头上传球。
5：15 — 5：25	罚球	将球员平均分配到各个篮球架，让他们站在罚球线上轮流罚球，一次罚 2 个，每人最多罚 10 个。非罚球球员抢篮板球并将球快速传给罚球球员。其他球员为罚球球员鼓掌，未罚中时鼓掌 1 次，罚球命中时鼓掌 2 次。
补水		
5：30 — 5：40	防守	徒手 "Z" 字形滑步（见第 107 页）：先做好正确的防守姿势，然后练习防守步法。防守球员要从一个半场滑步移动到另一个半场。
5：40 — 5：50	进攻	传切配合
5：50 — 6：00	区域联防	"2-3" 联防

◎安排球员的场上位置

在最初的几节课里，你必须对第一场比赛的场上位置做出安排。你该怎样决定球员适合哪个位置？面对十来个孩子，按照身高进行划分似乎合乎逻辑：个头最高的孩子在中锋和前锋的位置上，个头小一点的在后卫的位置上。但身高并不总是确定一个球员场上位置的指标。

青少儿球员身体发育有快有慢，他们对篮球的理解和技能的提升在不同时期也有不同的表现。一些孩子可能擅长运球，另一些孩子可能认为对足球运动员强调运球才有意义。你必须相应地调整不同认知水平的球员的期望。你可以让每个球员在每个场上位置都试试，这样的经历将帮助他们理解每个场上位置的职责。

有时候，个子高的球员会发展成为出色的控球后卫，而个头小的球员在抢篮板球时无人可挡，最终成为大前锋。一切皆有可能。教练让篮球初学者在训练和比赛中尝试各个场上位置的做法非常重要，不仅能让球员们体会每个场上位置的责任，吸引球员的注意力，激发他们学习新技能的兴趣，而且能把握球员的个人能力和短板。对有些球员来说，哪怕只学习一个场上位置的技能也要付出整个赛季的努力，而有些球员则会很快适应你安排的任何场上位置。所以，你要随时对球员的场上位置做出调整。

在第一个赛季的收官阶段，你对每名球员适合的场上位置就有了大致的了解。不过，在此之前，你还是要鼓励球员们走出他们的舒适区，多尝试其他的场上位置。比如，让一个瘦高个试试控球后卫，让矮壮的球员在低阻区多投几个球等。问题的关键在于，不要把孩子过早地锁定在一个场上位置上，而是要使其通过尝试更多的场上位置来发现他的潜能。你要告诉孩子们，他们掌握的场上位置的技能越多，他对球队和队友就越有价值。

制订成功的训练计划

在最初的几堂训练课中，对球员的个性及其个人技术能力有了更深的了解之后，你须要制订出能充分利用有限的训练时间的训练计划。教练面临的最大挑战之一就是制订一个能够使球员自始至终都保持热情与投入的训练计划。何时变换训练内容？练到什么时候效果刚刚好？你可以从孩子们心不在焉的表情和聊更多与篮球无关的话题看出端倪。

你肯定不想看到孩子们在训练场上浑浑噩噩、百无聊赖。没有哪两节训练课是一样的，每堂训练课的重点应该随赛季的进行而不断演进，但贯穿整个赛季的基本原则应该是一致的。每次训练课都要进行技能练习，尤其是在赛季之初，但其他的训练会有所不同。本书接下来的很多章节给出了一些基本技能的练习，它们很基础，但很重要。在训练过程中，你会发现孩子们对有些练习情有独钟，因此你可以将这些练习作为对孩子们的奖励或者一个放松项目。

下面列举的训练内容是整个赛季每次训练须要关注的重点。

· **热身和拉伸**。每次训练之前都要拉伸肌肉，即使是青少儿。每次训练最难的部分莫过于开始。你只有 60 分钟的训练时间，而让球员们热身活动就要占去 5 ~ 10 分钟，所以你一定要准时开始训练，哪怕有的孩子还在往篮球馆里走。如果真有这样的孩子，你可以示意他们进入热身队伍，并向他们传递"守时很重要"的信息。

· **控球**。在很多方面，这是球队成功和球员发展的关键，应该成为每堂训练课的一部分。第三章提供了很多控球练习方法。

· **投篮**。球员要学会从上篮到罚球的所有技术，这是一个持续的学习过程。第三章对此有详细介绍。

· **个人防守基本技术和防守配合**。这是贯彻团队协作理念的重要一环，详见第四章和第六章。

· **个人进攻基本技术和传切配合**。关于各个球员如何相互配合、进球得分，可以参阅第三章、第五章的相关内容。

　　这里只是简单列举了一下训练重点，并没有涵盖打造一支球队所涉及的全部训练内容。但这是一个很好的开始，尤其是在训练时间有限的情况下。在第一堂训练课上，你专注于训练球员个人的进攻和防守能力，到了第二堂训练课你就要强调团队意识了。你要把这些内容尽快传授给球员，然后随着赛季的深入提高球员的团队意识和个人能力。让球队尽快熟悉区域联防、盯人防守、传切配合进攻，这样你才能在比赛中贯彻自己的战术思想。在赛季结束之前的其他训练中，球员的个人技术和基本技能训练仍是不可或缺的一部分，这不仅为整体攻防的理念奠定基础，也能帮助孩子们更高效地理解、贯彻这些理念。

　　表 2.3 提供了一个 60 分钟的赛季中期训练计划示例。此时，球员已掌握了个人基本技术，并开始关注更为宽泛的团队理念。当你读完本书时，你将能够在计划模板中变换练习内容，目标是让每个练习都涵盖个人攻防技巧和整体攻防理念。当然，60 分钟的时间并不充裕，但通过精心设计，每次训练可以安排 4 ～ 5 个内容。

　　要做到这一点，你须要提前做好训练计划并坚持按照时间表执行。上课时戴 1 块手表（或携带 1 部手机），这样就可以把握好训练节奏。当你向球员们介绍新的训练内容而他们感到兴奋或困惑时，你会发现时间过得非常快。当你意识到这点时，训练时间就要到了，你的训练内容只完成了一两项。所以，不要在任何训练内容上耽搁太久，当然也不要为了赶进度而草草了事。你要明白一点，所有练习在以后的训练中还会涉及，没有必要一口吃个胖子。训练中还要交替练习每个练习中都用得到的速度和技能组合。不要接连做节奏相似的练习，如先练习防守配合再练习进攻配合。这样的训练中，移动较少，而且还要给球员解释。你可以把快速移动练习加入其中，改变一下训练节奏，让球员过剩的精力得到释放。

　　在个人技术训练中，每名球员都要参与进来。在球队整体训练时，不要老是用同样的 5 名球员来示范进攻配合。让所有球员轮流上场，每个人都有机会参与其中。这能给球员强化一个观念，即每名球员都是球队成功的关键。你可以跟在场地边的孩子们聊聊天，如"珍妮，你认为莫莉在这场比赛中应该在哪个位置上？"

有时，孩子们的表现并不像篮球运动员，你要花更多的时间来解释一个篮球专项问题。不必烦恼，这次训练解决不了的问题那就下次继续练习。你可能还会遇到一些球员已经掌握了一项新的技能而另外一些球员尚需时日的情况。孩子们在学习时很难保持同样的学习进度。优秀的运动员似乎从一开始就成长迅速，那些天赋不高的球员怎么办呢？怎样才能帮他们跟上训练进度并且融入球队呢？

如果没有助理教练协助你训练，你可以要求那些需要更多练习的球员们早来晚走，同时审视他们要改进的地方，让他们在家也要练习。你

表 2.3 60 分钟的赛季中期训练计划示例

到了赛季中期，没有哪两次训练是完全相同的，所以，你要注意把握个人攻防技术训练的平衡。你可以开始教给孩子们正式比赛时的攻防战术，详情请参见相关章节。

训练时间	训练内容	训练组织
5：00—5：02	热身	绕场地慢跑 2 圈。
5：02—5：05	拉伸	拉伸手臂、肩部、颈部、背部和腿。
5：05—5：10	进攻	传切（反切）（第 081 页）：这种训练强调球的转移、步法、投篮和切到篮下，也是让孩子们在训练中早点动起来的好方法。
5：10—5：15	运球	原地控球（第 063 页）：每名球员 1 个篮球，或者 2 人合用 1 个，在球场中央练习。
5：15—5：25	防守	贝壳形防守（第 121 页）：这个练习强调的是一对一的防守，比如抢断、协防、封堵、用一只手挡住对方的传球路线，保持通视的姿势等。
补水		
5：30—5：40	进攻组合	2-1-2 进攻阵型（第 140 页）
5：40—6：00	比赛中的特定情境	掷界外球的打法：重叠式底线球战术、鹰式底线球战术、发边线球重叠战术（见第 165 ~ 169 页）

要让球员们明白，主动学习是成为一名优秀篮球运动员的良好开端。对于球员取得的每一点进步，你都要给予赞扬："我真的很喜欢你在训练中努力的样子，你的投篮动作一直让人赏心悦目。现在，我们再多练一会运球。"如果球员不管出于什么原因无法在家训练，你都要让他相信，只要他坚持训练、努力训练，总会有好事等着他。你放心，球员终究会明白这一点。你有一个赛季的时间来不断提高球员的水平。

如果你有助理教练的协助，在球队训练时你可以给那些天分不高的队员进行一对一指导。你对这些孩子的特别关注可以帮助他们树立信心、更好地投入比赛。一定不要让他们长期掉队。

每次训练结束后，你要告诉球员你希望他们在家里应该做什么以及下次课的训练重点。你可以这样说："我们的控球能力越来越强，但一周仅仅练一两次是不够的。每天回到家，你还要再多练 15 分钟。如果你这样做了，不到几个月，你就会成为出色的控球手，就会在比赛中体会到更多乐趣。"

如果每堂训练课的时间是 90 分钟，那么你在赛季之初就可以引入整体攻防的概念。随着赛季时间的推移，你可以交替进行个人攻防能力和球队整体攻防能力的训练。把比赛看作试金石，检验球队在下一步的训练中要着力解决的问题。如果球队的进攻不错，但在防守上给了对手很多上篮的机会，下次训练你就要让球员花更多的时间练习个人防守技巧和整体防守配合了。

要在较短的时间内完成大量的训练内容的确比较困难，但较长的训练时间则会考验孩子们（当然也不可避免地包括教练）的耐心。训练时间越长，教练就越要注意把握训练的节奏，要确保快慢结合、脑体结合，适应孩子们的心理特点。吸引孩子们注意力的最好办法是让他们在一个练习中拼尽全力，然后在他们喘息时做一个新的、慢节奏的练习，并向他们传递一些口头信息。

再强调一下，不要在任何练习上花费太多时间。孩子们一旦走神，就会敷衍了事，不再学习了。教练要意识到这一点，并在孩子们走神前把他们带入新的练习。否则，你就很难再将他们的注意力吸引回来。因此，在他们走神之前，用多变的训练节奏和新的挑战刺激他们，使他们保持注意力集中。在下次训练开始时再进行这次为了吸引他们的注意力而放弃的练习。

训练结束后，教练应要求球员们总结自己进步最快和最慢的方面，必要的时候还要求他们做笔记以提醒自己。重复，是任何训练的关键。在进行下个练习前，先把上次学过的内容巩固一下，做到温故知新，基本技术（传球、运球、投篮、进攻和防守）都要涉及。随着训练次数的增多，你会发现有很多练习你都不用再进行解释，球员们已经熟悉了各个训练内容并能在这些内容之间快速切换。你要鼓励那些学得快的孩子带头示范，并提醒其他孩子该怎么做。他们信心满满，你也不用愁得掉头发了。

在比赛中打造球队

最好从第一次训练开始就让球员树立整体攻防的意识。球员学习组织进攻和整体防守的确需要时间，但树立团队意识永远不嫌早。从第一场比赛开始，你就要鼓励球员要有整体进攻（传、切和补位）和整体防守（防守一个区域而不是一个人，也不要一窝蜂地抢球）的意识。随着学习的深入，他们还将学习更复杂的攻防组合。

如果在首场比赛前还有时间训练，你要把重心放在第三章和第四章概括的攻防技术的练习上，这些技术是球队参加比赛的基础。

防守和进攻阵型的引入应该一步一步地来。防守阵型可以由 1 ~ 5 人组成。你在教授整体防守时要从个人防守教起，然后教 2 名防守队员如何协作，然后是 3 人如何协作防守等。进攻组合也不例外。进攻的教学应该分段进行，直到每名球员都学会、掌握。不管是进攻还是防守，一堂课是学不完的。这里再强调一下，从长远来看，你的任务是经过一个赛季打造一支年轻的球队，而不是打造一支即时的争夺 NBA 总冠军的球队。

根据场上队员职责的分工和特定技能的需要，篮球比赛时队员的位置可以分为 5 个，其中有些位置需要的特定技能是重叠的。一般来说，1

号位和 2 号位是后卫，要更擅长于控球和外线投篮。3 号位是小前锋，要有后卫的技能和高个球员的抢篮板球的能力。4 号位和 5 号位是大前锋和中锋位置，着重是抢篮板、内线投篮和内线防守。记住这些数字，本书在讲解有关进攻和防守的内容时还要用到。

就像前文提到的，把一名青少儿球员固定在一个位置不是什么好主意，你应该让每名球员去尝试每个位置。随着时间的推移，球员适合某个位置的特点可能越来越明显。但在训练中，你还是要让他们在各个位置轮换，这样他们就能更好地理解场上每个人的职责。

你还要保证球员在比赛中有同等的上场机会。水平相近的球员组合固然很好，但不同水平的球员融合在一起更好，因为这样可以保证实力较弱的球员不会同时出现在场上。最终你会发现，这种强弱组合中的球员们表现会很不错。你要鼓励他们形成默契，并在训练和比赛中加深他们的这种默契。

注重趣味性

为了不使训练变得枯燥，你要保持活跃的训练氛围。这当然不是说每隔一分钟就要有笑声，你也不希望那样。让训练活跃的潜台词就是，篮球应该是有趣的，而刻苦训练会使比赛更加有趣。球员每学会一项技能都会有一种成就感，这就是对他们的奖赏。但你还要提醒青少儿球员不能老盯着奖赏，还要不断地追求进步，不能总靠教练督促。

教练不可能在 60 分钟或 90 分钟的训练中一直站着讲个不停，也不要指望那些 6 岁的孩子每次都能积极回应。你可以引入一些好玩的小游戏让孩子们放松一下，这样整堂训练课都不会乏味。作为训练奖励的游戏要包含技能训练的训练要点，让孩子们在轻松的氛围中进行练习。

练习 1 罚球淘汰

🏀 初级

器材： 2 个篮球。

目的： 提高球员罚球的命中率。

方法： 球员在罚球线上，如图 2.1 排成一路纵队（因为是小球员，可以使罚球线离篮筐近一些）。如果篮筐多，每队不要多于 10 个人。前 2 名球员每人 1 个球。比赛开始后，队首的球员先罚球，如果罚中，就走到队尾，下一名球员接着罚球。如果队首球员罚球不中，他必须快速抢到篮板球并在下一名球员罚中或没中抢到篮板球再次投中之前把球投进。如果下一名球员在队首球员之前投篮命中，则队首球员被淘汰出局。队列中的其他球员遵循相同的规则进行，直到场上只剩 1 名球员。（如图 2.1）

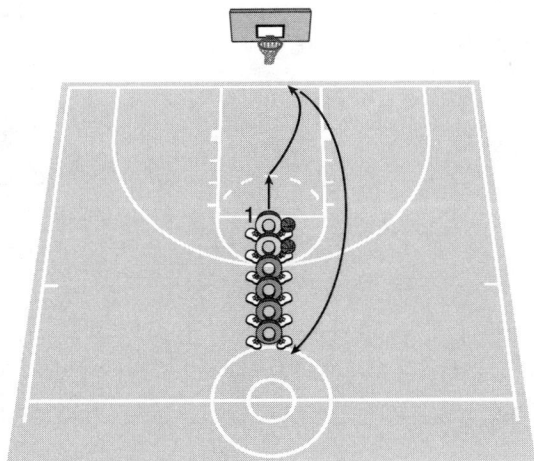

图 2.1 罚球淘汰

练习 2　全场 2 人直线传球

🏀 初级

器材: 每2人1个球。

目的: 提高移动中传球的准确性。

方法: 球员在端线外间隔10英尺（3.05米）排成两路纵队,其中一队靠近边线,另一队靠近罚球线一侧。两队之间的距离可以根据球员年龄、力量和能力而有所变化。开始练习时,这个距离可以近一些,等球员熟练之后再逐渐加大距离。练习开始,2人1组快速移动传球至对侧端线后,靠近边线的队员则快速跑动至另一侧边线、靠近罚球线一则的队员也快速移动至罚球线另一侧,然后保持原有队形快速移动传球至出发的端线,本组练习完成。（如图2.2）

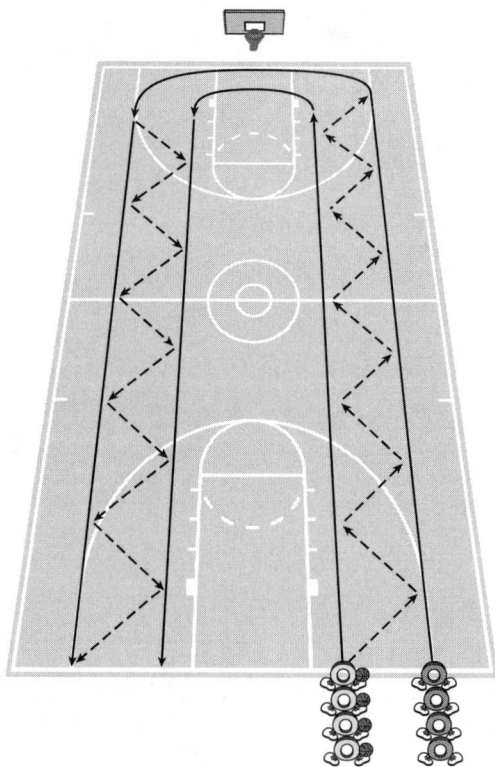

图 2.2 全场 2 人直线传球

训练要点: 练习时,球员应集中精力向前直线跑动,应尽可能保持脚、一侧髋部和肩对着篮筐的侧身跑姿势。接球队员应伸手示意队友传球。

练习3　全场3人"8"字围绕传球

🏀🏀中级

器材： 每3人1个球。

目的： 传球给跑动中的队友并迅速补位以保持三线发动实施快攻。

方法： 所有球员在一侧端线排成3路纵队，中间1队，两侧各1队。根据球员的相对年龄和个人技术能力，调整3队之间的距离。如果出现了问题，那就将距离调得再近一些，等球员们熟悉了练习内容，传球能力有了提高之后再增加距离。

如图2.3所示，中间队的球员1将球传给右侧队的球员2，传完球后加速从球员2身后向前跑准备接球员3的传球，球员2接球后将球传给球

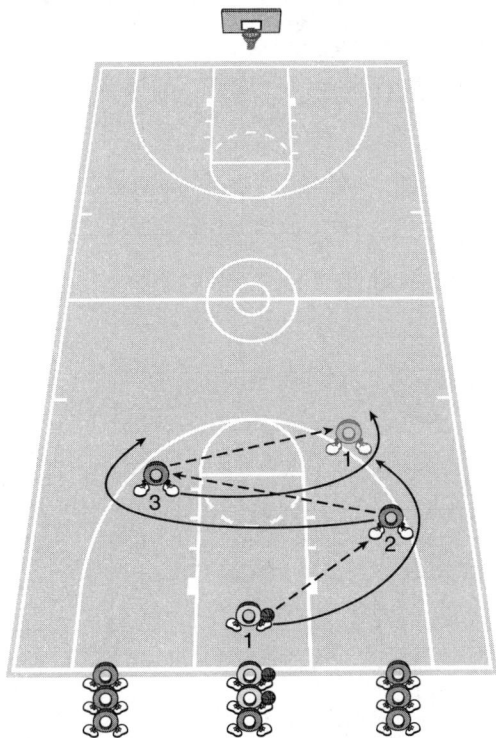

图 2.3 全场3人"8"字围绕传球

员3并加速从球员3身后向前跑准备接球员1的传球，球员3接球后将球传给球员1并加速从球员1身后向前跑准备接球员2的传球，依此类推。3人在跑动中完成这些动作，直到到达对侧端线为止。当1名球员在对侧篮筐附近接球，不需运球即可上篮时，这个练习就可以以上篮得分结束。

训练要点： 球员传球的落点要准，能引领接球人的速度。球员传完球后要在接球队友身后加速侧身看球向前跑。要想达成预期的训练效果，你要要求球员们必须按照跑动路线快速不停地跑动，不要等球。这对球员组织并完成快攻非常重要。

练习4 4打0快攻

器材： 每4人1个球。

目的： 在发动快攻时，球员抢到篮板球后向外围长传并及时补位。

方法： 教练为每名球员指定一个有特定职责或技术要求的位置。整个场地有3条路线可以用来组织快攻：边线到罚球线、两条罚球线之间、罚球线到边线。教练指定3名球员发动进攻（1号、2号是后卫，3号是小前锋）。4号球员抢到篮板球后一传到外围，另外3名球员进攻对侧篮筐，4号球员跟在他们后面抢篮板球，然后在对侧场地开始新的练习。（如图2.4、图2.5）

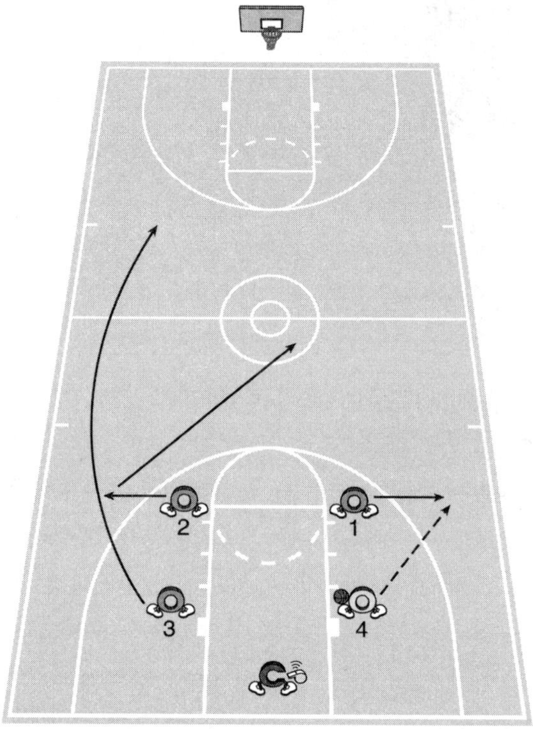

图2.4 4打0快攻

4名球员在三秒区围着一个小圆圈跑动，你将球抛向篮板或篮筐，4号球员（尾随者）抢到篮板球后转身，寻找机会一传给向外围的1号球员或2号球员。1号球员和2号球员从罚球线的2个交点向外跑动大约3米，没有接到一传的球员切向中路，3号球员则跑到第3条快攻路线（球未经过此路线）沿边线快下。4号球员将球传给1号球员，1号球员再传给中路接应的2号球员，2号球员再将球长传给3号球员，3号球员接球上篮。3号球员上篮时，1号球员与2号球员快速跟进到达罚球线的2个交点，准备再次接应，4号球员快速跟进抢到篮板球后再把球传给外围的1号球员或2号球员，把球传给谁取决于 4 号球员在篮筐哪一侧抢到篮板球。然后跑回对侧场地开始新一轮练习，仍由 3 号球员跑到无球的快攻路线接住传球，完成上篮。

　　训练要点：确保 1 号球员和 2 号球员跑到翼侧位置接应一传，而不是在场地中间接球，因为在真正的比赛中，这个位置会有很多防守球员。得到篮板球的球员应该把球传到强侧，避免球经过场地中间时被埋伏的防守队员抢断。3 号球员必须"读懂"场地，迅速跑到快攻路线上的空当进行补位。这个练习不是慢跑训练，球员要在快攻中清楚自己的位置，3 号球员必须快速跑动到空当位置，并接住 2 号球员传来的球。跟进的 4

a

b

图 2.5　4 打 0 快攻

号球员也必须冲刺快跑，争取在篮球进网后、下落之前抢到球，或者在 3号球员上篮不中时补篮。这样做很有实战意义，鼓励了球员在本队控球时全力以赴。一支球队只要不放弃比赛，总可以轻松地得分。

教练手记

✔ 保持训练的连贯性，不要在一项内容上花费太多时间。

✔ 直奔主题，精讲多练。

✔ 采用提问式教学。

✔ 从一开始就制订训练计划。

✔ 指导，而不是要求。

✔ 受到怀疑时，用幽默化解。

✔ 努力改进，而不是追求完美。

✔ 尽量使内容通俗易懂，尤其是头几堂训练课。

✔ 不要急于评判你的球员，因为球员的天赋并不总是即时显现。

✔ 设计训练时，应尽量使所有球员都参与进来。

✔ 你不仅要让球员玩得开心，而且要一直坚持！

第三章

提高进攻能力的方法与练习

　　谁不喜欢投篮得分呢？虽然得分并不像看起来那么简单，但学会投篮得分确实很有意思。我们先来学习篮球的进攻技能。在本章中，我们将详细介绍进攻练习，帮助球员学会组织进攻并最终在一场比赛中拿到让对手吃惊的 10 ~ 12 分。10 ~ 12 分？没错，就是这样。你在开始的时候要降低自己的心理预期，孩子们在首场比赛中能拿到两位数的分数就很不错了。

　　你不要指望球员立马变成进球机器。在公园里打球或在篮球馆上篮是一回事，而在 5 名球员的夹击下找到一条通向篮筐的路线是另外一回事。所以，你要有心理预期，别在头几场比赛中记那些类似投篮命中率的数据。那对你的身体和球员的信心都不好。

　　当你盯着投篮命中率的统计数据时，比如 21 投 2 中、27 投 3 中等，你会感到非常沮丧，有时甚至更糟。对于一支毫无经验的球队来说，在对阵年龄更大、速度更快、技术更成熟的球队时被打得找不着北并不是什么稀罕事。不过，别灰心。首先，你在组织球队跟高水平球队较量时就要做好最坏的准备。本队球员每进 1 个球，你都要祝贺他们。他们能进球就是罕见而了不起的事。

如果你稍微调整一下心态，就会发现球队进步其实也是很快的。用每场比赛的投篮次数来衡量球队的成长要更好一些。在上一段提到的那些糟糕数据中，球队投篮了 21 次也是值得注意的。你可以把一种消极情绪（"唉，我们今天没怎么得分"）转化为积极情绪（"哇，我们成功地逼近篮筐并多次投篮"）。对于一支青少儿球队来说，球员能够在篮下近距离投篮就很了不起。如果球队能够多次投篮，进球得分就是迟早的事。

随着球队整体水平的提高，你也要调整评估成功的方法，如增加高质量的投篮。本章的重点之一是教球员学会正确的投篮技术，让他们体验高质量投篮的感觉。一旦他们在赛场找到这种感觉，进球就势不可当了。本章列举的 10 个练习方法将为渴望进球的球员指明方向。

学会基本技能至关重要，但学习的过程可能有些乏味，因为它需要球员非常有耐心地反复练习。青少儿球员通常做不到有耐心，因此，训练内容多样、生动有趣非常重要，不要在一个内容上耗费过多的时间。你最好在一个较长时期内逐步提高球员的进攻能力，而不是通过拉长训练课来强行灌输。训练内容要符合球员的年龄特点，每个练习要根据球员的力量、身高和理解力进行调整。

伟大的球员都是从基本技术练起的。虽然是用手完成运球、投篮等动作，但所有这些动作都是从正确的步法开始的。所以，你也要使球员的步法有冠军的风范。

传球和接球

传球和接球由于太简单，其重要性往往被忽视。你可不要犯这样的错误，否则，你会看到球员频频丢球。因此，每次训练时都要练习这两项至关重要的技能。

低年龄段的孩子们还没有足够的力量给队友长传或接队友的长传球，

所以学习简单的传接球技术会帮助他们建立起对自己和队友的信心。当他们意识到自己把球传给队友而队友会稳稳地接住时，这些球员就会很快融合成一支球队。他们的这种信任在第一次训练时就可以建立起来。

你要教孩子们正确地进行双手胸前传球、双手胸前击地传球和双手头上传球。比赛时的每次传球都非常重要，所以在训练时一定要练好。想想每场比赛中的传球次数，再想想传球传到界外的次数、被接球队友的脚尖或膝盖弹开的次数、越过队友头顶的次数，以及被对手接到的次数等，你会发现，球队无论拥有多少优秀的擅长投篮的球员和防守球员，如果他们不会传接球，球队也赢不了比赛。此外，训练中的大量练习也应以传接球为基础。传球失败意味着训练中断，需用很多时间和精力将飞走的球追回。

传球到位很重要，甚至能直接带来得分。把球传向不同的位置，结果是不一样的，有可能队友接球后能投篮命中，也有可能被对方抢断。当队友切入到篮下时，如果球正好传到他伸出的手上，投篮时机和命中的机会就会大大增加。投篮时机稍纵即逝，即使晚了 1 秒，就可能出现失误。

因此，首次训练就要涵盖传接球的基本内容，后续训练也要有相应的训练内容。球员要先练习把球传给固定目标（队友伸出的双手），再练习把球传给移动目标（切入到篮下的队友）；要学会把球传到接球队员要出现的位置。这要多加练习，但确实是一种可以在几周内入门、熟练并提高的技能。

◎ 双手胸前传球

双手胸前传球是篮球运动中最常见的传球方式，在正式比赛中也用得最多。进行胸前传球时，双手将球持于胸前，两膝稍微弯曲，两脚分开、与肩同宽（如图 3.1a）；面对目标接球队友，确定中枢脚，另一只脚向前迈出，将球传给队友；球出手后，双手十指分开、手腕外翻、拇指向下（如图 3.1b）。传球队员应该将注意力集中在持球位置及双手传球上，以使篮球传到接球队员的胸部高度。告诉孩子们，传球时要灵活。

即使是低年龄段的球员，教练也应该强调篮球在空中停留的时间越短越好，否则极易被对方抢断。所以，不要让孩子们传高的弧线球和用单手抛球。要明白一点，一个好的传球并不光靠强壮的胳膊，单靠臂力传球的球员多半只是把球扔出去。即使是场上最瘦小的球员也可能会通过全身协调用力完成一记漂亮的传球。

图 3.1　正确的双手胸前传球

◎双手胸前击地传球

在比赛时，小个球员使用双手胸前击地传球特别有效。他们在大个子球员中间击地传球要比从上方传球容易得多。

双手胸前击地传球的准备姿势是，双手胸前持球，两膝稍微弯曲，双脚分开、与肩同宽（如图 3.2a）；一只脚向前迈出并以后脚为中枢脚，将球传向地面，使球反弹给队友；球出手后，十指张开，手腕外翻，大拇指向下（如图 3.2b）。球应该在传球队员到接球队员距离的 2/3 ~ 3/4 处触地，反弹到接球队员的上腹部或腰部的高度。

图 3.2 正确的双手胸前击地传球

注意控制好球速。使球直接反弹到接球队员手中，不要弹得过高。许多初学者就容易使球反弹后达到接球队员下巴的高度。就像双手胸前传球一样，双手胸前击地传球也要灵活。你提醒球员注意，要使球触地后立即向接球队员方向反弹，不要在地板上弹几次。

◎双手头上传球

对高个球员来说，在比赛中使用双手头上传球可以使篮球越过个头小的防守球员，到达队友手中。这也是在防守中抢到篮板球后发动快攻最好的传球方式，因为抢到篮板球的球员在篮下转身寻找传球机会时就不会被阻挡。

双手头上传球的准备姿势是双手将球举过头顶（如图3.3a），膝关节稍微弯曲，双脚分开、与肩同宽。然后，非中枢脚向前迈出一步，双手将球传给队友（如图3.3b）。

图3.3 正确的双手头上传球

这种传球方式很难掌握，特别对于那些还不够强壮的小个球员，他们可能还没有足够的力量将篮球从头顶传出去。只有最强壮的球员才能将篮球"啪"地一下传到想要传到的位置。不过，对每名球员来讲，这仍不失为一个很好的传球练习，因为它可以作为手臂、肩部和上背部力量训练的强化练习。高个球员喜欢这种传球方式，因为他们可以在抢到篮板球后用这种方式保持球的高度，然后将球快速传（向外一传）给后卫，后者接球后可以快速运球到对手篮下完成上篮。

◎接球

只有接球队员接住球，传球才有意义。但并不是每个传球都是完美的。传球队员与接球队员要相互信任，这非常重要，而且在训练中就要这样做。接球前，接球队员应做好准备，双膝微屈，伸出双手，两手分开形成球形，肘部自然弯曲（如图 3.4a）。接球队员做好接球准备后应当伸手示意，让传球队员看清传球的目标。接球队员要主动上步迎球并接球（如图 3.4b）。

图 3.4 球员做好接球准备（a），然后接球（b）

如果接球队员被动接球，对方防守队员可以很容易地抢在接球队员身前将球抢断。此时，传球队员往往会受到非议，但被动等球的接球队员同样难辞其咎。接球队员必须认识到自己在完成一次完整传球中的责任，教练要在训练和比赛中强调这一点。传球队员和接球队员也要注意减少球在空中飞行的时间，因为篮球在空中飞行的时间越长就越容易被抢断。传球队员传球要快，接球队员接球要主动。传球队员与接球队员要密切配合，都要耐心，并保持敏捷的思路，提前做好传接球准备。

起初，一些球员可能很难接住球，这可能是球员的注意力不集中导致的，教练可以通过提醒孩子们眼睛要盯着球来解决这个问题。这是一个很简单但永不过时的建议，往往能解决大部分传接球的问题。接球队员要盯着球并将其接住。他们应该用手接住球，而不是将球抱在胸前或腹部；学会接球后的缓冲动作，让球在手上"软着陆"，使球看起来就像粘在手上一样。

小个球员和年龄小的球员可能害怕伸手去接力量很大的传球，每次接球时会十分紧张。所以，一开始不要让他们接那些个头高大、体格强健的队友的传球，否则会因为小个球员害怕球砸到自己膝盖和额头而把接球训练变成躲避球游戏。让小个球员先从接力量柔和的传球练起，慢慢地培养他们的信心。让身材相近的球员两两结成对子，使他们作为传球队员和接球队员共同进步。

运 球

几乎每个人都能拿起篮球拍上几下，但在比赛时，多数青少儿球员还是阻止不了球碰到自己的脚尖和鼻尖。如果你能在任意一支青少儿球队里找到一两个像样的控球队员，那你真是太幸运了。孩子控球能力弱的原因在于他们练习控球的时间还不够。像传接球一样，运球也是球员必须掌握的基本技能。

新手教练往往把注意力放在球员的跑位和得分上，忽视了决定一支球队成败的基本因素——控球。如果一支球队没有出色的控球队员，恐怕连篮下投篮的机会都没有，更不用说在比赛中得分了。球员没有失误就把球运到了对方半场，然后在离篮筐足够近的地方投篮，这对于一支青少儿球队来说就是一个非常大的成就。要做到这点，你就得培养一名出色的控球队员。

运球，就是有控制地用手连续按拍由地面反弹起来的球。球离运球队员的手越远，失去控制的概率就越大。为了保持对球的控制，球员必须保持臂、肘呈自然的状态（避免将肘部固定在髋部附近），并且控制球的高度在腰部以下。手（包括指尖）应该将球强力推向地面。

优秀的球员可以用任意一只手运球，篮球在他们手上就好像是手的延伸。他们根本不用看球就能把球从身体的一侧运到另一侧、从身前运到背后能进行背后变向运球、转身运球，甚至很轻松地进行胯下运球。不过，这种水平的球员只会出现在哈林环球莱旅行者篮球队（Harlem Globetrotters）那样的球队里，青少儿球队里可没有。这样的球员并非进入球队时就能达到这个水平，而是通过每天几个小时的训练实现的，是在笨手笨脚、磕磕绊绊、跌跌撞撞中不断进步的。

你执教的孩子可能会用惯用手（通常是右手）直线运球，也可能不会，更别说非惯用手了。不过，你不必烦恼也不必着急，更不要指望一次训练后就能在你的球员宝藏中挖出一个像魔术师约翰逊那样的天才。记住，要从基础做起。

首先，不要让孩子们胡乱拍球，这不是运球，也不是控球，而是在虐待篮球。鼓励孩子们用手指和手指的根部触球。球在被运到地面前会在手上停留瞬间，就像溜溜球被一条看不见的绳子牵着一样。跟接球遵循的原则一样，当球从地面上弹起的时候，球员应该有一种短暂的"接"球的感觉。手与球接触后稍微缓冲一下，再通过手腕发力带动手指大力将球按拍向地面。

其次，运球时的身体姿势也很重要，球员会不由自主地伸直双腿，这就增加了篮球在手和地板之间的距离。而这个距离应该减到最小。运球时，两膝微屈、臀部下沉，从而缩短手与地板的距离（如图3.5）。球不要高于腰部或髋部，在膝关节弯曲的情况下，球与地板的距离不应超

图 3.5 正确的运球姿势

过 2 英尺（0.61 米）。如果运球球员能做到这点，对方防守球员就很难抢断。

你要向小个球员说明他们在控球方面的巨大优势，如果他们的身体重心在运球时再降低一些，就可以突破任何防守。而对高个球员，你要向他们强调屈膝、低位控球的重要性，站得太直就会吸引对方抢球从而失去控球权。

你应要求球员们运球时抬起头来，眼睛盯着前方。控球队员要知道对方防守队员和队友的位置。球员在学习运球时，眼睛会很自然地看球，你要时刻提醒他们，眼睛盯着球不仅对运球没有好处，而且还会导致更多的失误，因为眼睛盯着球就无法看前进的方向。就像骑自行车时要看前方的路，而不是看自行车踏板一样，打篮球也是如此。

两手都能运球非常重要，但也很难掌握。在青少儿篮球运动中，球员 90% 以上的时间都是用惯用手运球。对非惯用手缺乏信心的球员容易被对手识破且易于防守。因此，你在训练中要向球员强调两手都能运球及左右手交换运球非常必要。在左右手交换运球时，球的反弹高度不要太高（低于膝盖），接球的手也要放低以做好接球的准备。如果一名惯用手是右手的球员在训练中用左手在身体左侧运球，教练应大声鼓励并在他下场休息时与他击掌，这是教练衡量球员进步的标尺。

运球练习成千上万，你怎么知道哪些适合你和你的球队呢？你可以从原地控球和行进间运球两种类型的练习开始。这两种类型的练习都将在本章加以介绍。通过这些练习，球员们会逐渐明白，要想熟练地运球，他们必须学会如何控球，而且会明白控球是运球的基础。原地控球（见第 063 页 "原地控球") 是用手控球的技能，练好原地控球能为行进间运球打下良好的基础。

单手投篮

谁都喜欢得分，但并不是人人都知道怎样投篮。在青少儿篮球运动中，球员们都过于专注把球投进篮筐而不太关心怎样才能做到。他们会把球投到靠近篮筐的任何地方。当球员试图投篮得分时，即使是把球举过肩、举到脑后、背身投、重心不稳和胯下运球后投篮等错误的投篮动作也可以帮助他们做出创造性的即时决策。所以，教练要球员们理解和回答的第一个问题是正确的投篮动作。正确的投篮由几个因素构成：投篮的球员是处在空当吗？（也就是说，投篮球员与对方防守球员之间的距离是否足够安全以保证球不被干扰。）篮筐是否在射程之内（投篮球员是否能用正确的技术把球投进篮筐）？是自己投篮得分机会大，还是将球传给离篮筐更近的队友得分机会大？

每个外线投篮基本上都使用相同的技术。肩部放松、正对篮筐，两脚分开、与肩同宽（如图 3.6）。用投篮手的指尖和手指根部持球。如果是右手持球，应该握住球中间偏右的位置；如果是左手持球，应该握住球中间偏左的位置。另一只手轻轻扶在篮球另一侧的侧

图 3.6 正确的投篮姿势

面辅助。

　　每次投篮练习都应该从篮下投篮开始，持球在腰的高度，并与身体保持适当距离，肘部弯曲。在篮下投篮时，肘部位置很关键。如果投篮手臂的肘部太靠身前，则球离身体太远；如果投篮手臂的肘部太靠身后，球出手就会很困难。理想的位置是投篮手的肘部贴近身体或在身体一侧。然后，微屈膝关节，抬头平视，将球上举至前额部，直到投篮手臂的肘和上臂与地面平行或近乎平行。球被举起时，继续屈膝，保持好投篮的姿势，蓄势待发（如图 3.7）。

　　在整个动作中，头部应始终保持正直。向上伸臂时，脚前掌内侧发力将身体向上推送，随后以手腕力量带动手指拨球将球投出，中指和食指在球出手后指向篮筐（如图 3.8）。球在出手后，应以一个连续平稳的弧线飞向篮筐。投篮手臂在球出手的瞬间上抬并伸展。

图 3.7　正确的投篮准备姿势　　　　图 3.8　球出手时的身体姿势

　　球员可以在篮下练习连续投篮来学习这种技术。很多孩子在训练开始前喜欢在中场或者更远的地方玩不可能完成的投篮游戏，如果用类似 H-O-R-S-E[①] 这样的游戏可增加练习的趣味性，但并不能培养出优秀的投篮球员。你可以要求球员每天在篮球馆或社区内的篮球场，在离篮筐很近的地方练习投篮 20 ~ 25 次（或者更多），这样就会形成肌肉记忆，练就过硬的投篮技术，从而能在比赛中得到更多的分数。

三步上篮

　　篮球比赛的结果往往取决于一些基本要素能否得到执行。在大多数的比赛（包括职业联赛）中，上篮次数最多或阻止对手上篮次数最多的球队一般都会赢。"上篮！要是我们上篮成功就好了！"在与输了一场球赛的教练交流时，你可能经常听到这样的话。不错，任何教练都会为上篮不中而抓狂。上篮不中的原因可以归结为糟糕的技术。要想不为糟糕的上篮抓狂，训练第一天你就要让孩子们学习正确的上篮技术。

　　上篮是进攻的基石。学会上篮并非易事，甚至于很多高中生球员的上篮步法都不对，要么无法用任意一只手上篮，要么就是用糟糕的路线毁掉一个很好的投篮。对于小学阶段的篮球初学者来说，上篮应该注意步法。再说一遍，注意步法！

　　上篮成功与否取决于上篮球员的跑动或运球路线。上篮的最佳角度

---

① H-O-R-S-E 的游戏规则非常简单，也很有趣。例如 2 名球员参加，球员 A 可以选择在球场的任何位置投篮 1 次，如果他投篮命中，那么球员 B 必须在同一个位置使用与球员 A 同样的方法，模仿 A 完成投篮。如果球员 B 在同一个位置使用同样的方法命中，那么球员 A 则要重新选取 1 个位置，再度进行投篮。相反，如果球员 B 未能命中，那么他就要得到一个字母"H"。当然，如果球员 A 首次投篮未命中，那么他就会得到 1 个字母"H"，并失去主动权，而球员 B 则可以任意选择投篮位置，并用自己擅长或者特有的投篮方式投篮。每名球员每失败 1 次就会得到 1 个字母，最终先累计成"H-O-R-S-E"的球员被淘汰出局。——译者注

是低阻区 [②] 与中阻区之间的"门区" [③]。一旦球员开始关注这个经常被忽视的细节，他的投篮命中率会提高很多，非常神奇！掌握这一点的话，球员就不会因为距篮下太远而将球投在篮板上或者以一个跑动的跳投结束，而是通过"门区"与篮板形成45°角，从而很轻松地将球投进篮筐。

步法非常重要。教练应让球员在离篮筐几步远的地方起跑，并帮助他们设计接近篮筐的步法。如果是右手上篮，球员应用左脚起跳（如图3.9a），右腿上抬、右臂上举完成上篮。球员迈第一步时应将球带到身

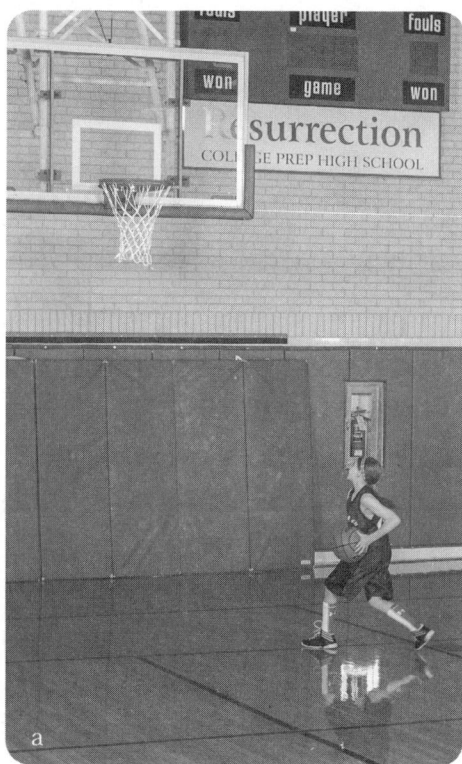

图 3.9 右手上篮的正确步法和投篮动作

---

② 三秒区两侧腰线的三个罚球站位区统称为分阻区，按罚球线到底线的顺序分别称为高阻区、中阻区和低阻区。——译者注

③ "门区"主要是指低阻区与中阻区的分区粗线。沿着和经过此线上篮能寻求到最好的45°上篮角度。——译者注

前稍微偏左的位置，这样有利于将身体调整为面向篮筐；迈第二步时双手用力将球从身前上摆，配合第三步起跳用右手出球完成上篮动作（如图3.9b）。用左手上篮正好相反，球员用右脚起跳，左腿上抬、左臂上举完成上篮动作。球员迈第一步时将球置于身前稍微偏右的位置，迈第二步时双手用力将球从身前上摆，配合第三步起跳用左手出球完成上篮动作。

　　初学者应先练习无球状态下（徒手）的三步上篮步法，再练习有球但无须运球情况下的步法。球员在掌握了步法和投篮技术后，再增加运球的动作。篮筐上方都有一个方框，球员在上篮时要看清它的位置，并在上篮时将球投到方框的上角位置。所以，当球员靠近篮筐准备上篮时，你要要求他抬起头来。你要记住，在低龄组，球员在比赛中走步违例可能不会被判罚。有的球员可能要练习多次才能学会上篮，有的球员甚至要更长的时间。球员要想将正确的上篮步法与运球结合起来，还要注意下面两个因素。

　　· **速度**。球员要想创造上篮机会，就必须加速向篮筐移动。他接近篮筐的速度越快，带球向篮筐起跳完成上篮的时间就越充足。

　　· **球的位置**。当球员通过"门区"起跳上篮时，他们应当像"摇摇篮"一样，即在跨出第一步起球时，除了降低重心来制动，也要顺势将球从运球侧向身体另一侧摆动，这样就可以使球从身前上举到出手位置，同时调整身体面向篮筐，然后将球轻轻地投进篮筐。

　　球员应该努力掌握在篮筐两侧上篮的步法。不管在篮筐哪一侧，起跳时的步法对于上篮都至关重要。教练应该鼓励球员根据自己相对于篮筐的位置使用左手或者右手上篮，即使他们因使用非惯用手上篮不进而无法得分，你都要为他们的努力喝彩。教练应该承认，在这个阶段，球员用任意一只手运球和上篮都是了不起的成就。

移动步法

学习移动步法的技能将使球员不会轻易跌倒。球员一旦学会控球和投篮的基本动作，就能在赛场上游刃有余，所以应在训练中加强练习，以避免在进攻中失误和停顿。

步法不对是大多数失误的根源。球员的一个转身动作就可以导致违例；球员接住了来球，为了保持身体平衡又多走了一步；抢到篮板球的球员因为变得紧张，两脚来回移动。出色的步法可以使球员减少失误。

◎持球转身

我们可以想象，不敢运球的球员把球紧紧地抱在腹部附近，不知所措，就像被车灯照得发傻的小鹿等着被吃掉一样。进攻停顿或球被抢断是不可避免的了。这个时候就要用到持球转身了。持球转身动作不会把小鹿变成狮子，但会为此情景下无计可施的球员提供选择。

持球转身的动作可使球员化险为夷，如可使球员在重压之下找到空当，保持身体平衡以免走步违例；使防守球员很难阻拦或抢断球；持球球员可以摆脱对方1名甚至2名队员的防守，同时寻找到未被盯防的队友。为了便于学习，我们将转身动作分为转身步法和转身带球两部分。在实际运用中，这两部分是一个连贯的整体动作。

球员可以用到4种转身，即以左脚或右脚为中枢脚，向前或向后转身（每只中枢脚都有2种转身方式）。转身的准备姿势是两脚分开，与肩同宽，两手持球于胸腹之间。

步法是转身的关键。如果做一个以右脚为中枢脚的前转身，球员应将右脚作为中枢脚，左脚向身体前方转动半圈，转身的同时，双手沿弧形路线将球从额前挥摆至左侧腰胯之间（如图3.10）。完成这个180°的转身后，两脚应该正对与初始位置相反的方向。如果做一个以右脚为中枢脚的后转身，应用左脚向身体后方转动，直至两脚正对与初始位置相反的方向。

　　如果做一个以左脚为中枢脚的前转身，球员应将左脚作为中枢脚，右脚向身体前方转动半圈，转身的同时，双手沿弧形路线将球从额前挥摆至左侧腰胯之间。完成这个 180° 的转身后，两脚应该正对与初始位置相反的方向。如果做一个以左脚为中枢脚的后转身，应用右脚向身体后方转动，直至两脚正对与初始位置相反的方向。

　　至于小球员，教练可以先教他们进行 90° 的转身，然后再进行 180° 的转身。重要的是让球员明确中枢脚并完善步法以防止对方抢断球。

　　球员掌握了转身的动作要领后，就可以学习转身时的带球动作了。转身带球可分为高带球和低带球两种方式。带球动作要用双手完成，与转身要紧密结合在一起，目的是为了防止在转身时被对方球员干扰球和把球打掉。不管是转身技术还是带球技术，球员都应用双手将球握紧，并干脆有力地将球带过。当对方防守球员的双手位于持球球员腰部以下

图 3.10 以右脚为中枢脚的前转身

位置时，持球球员在转身时应使球以弧形的轨迹划过额前（从头上将球带过，完成高带球转身动作）（如图3.10）。当对方防守球员的双手位于持球球员腰部以上部位或上扬时，持球球员在转身时应使球以半圆的轨迹从双膝带过，完成低带球转身动作。

你要提醒球员在做转身动作时要抬头平视，这样他们就能够看到队友并快速传球。做这个动作时，保持身体平衡也很重要。双脚要与肩同宽，距离太远或太近都可能导致身体失去平衡。

◎纵向空切（正切）

进攻队员切到篮下足以形成得分威胁。球员要想切到篮下就必须利用假动作欺骗并摆脱对方防守队员。具体做法是引诱对方防守队员向一个方向跑动，然后自己朝相反的方向切到篮下，在篮下位置接队友的传球（甚至在没有防守的情况下）并近距离投篮。

如何摆脱对方防守队员关系着能否空切到达篮下。要做摆脱动作，弧顶附近的持球队员应先将球传到翼侧，再向弱侧摆脱（无球的一侧），吸引对方防守队员封堵后再从强侧（有球的一侧）加速向篮下空切。

如果球在右翼，传球队员先将左脚向对方防守队员的左侧（图3.11a）跨一步做虚晃摆脱假动作，再以右脚为中枢脚，迅速将左脚从对方防守队员双脚前划过抢跨至其右脚侧，随后加速向篮下移动（如图3.11b）。如果球在左翼，传球队员先将右脚向对方防守球员右侧跨出一步做虚晃摆脱假动作，再以左脚为中枢脚，迅速将右脚从对方防守球员双脚前划过抢跨至其左脚侧，随后加速向篮下移动。最理想的空切路线是，沿阻区与罚球线第一个分位标记之间的"门区"的路线向篮下空切，并抢占篮下最有利位置。球员做这个动作时应抬头平视，并伸手向队友示意接回传球。

图 3.11　球员在做空切摆脱假动作时，先用一只脚向一侧跨步虚晃，吸引对方防守队员跟进后再从另一侧切向篮下。

空切摆动假动作是篮球进攻中的基本动作。空切可以教会球员在无球的情况下在场上如何跑位。单纯的直线跑位很容易被防守。鼓励进攻球员把每一个跑位都当作从 A 到 B 再到 C 的移动：在 A 开始，突然跨步向 B 做假动作摆脱，然后从对侧的 C 切入。这将迫使对方防守队员在"错误"方向上做出反应。进攻球员可以在一瞬间的工夫摆脱防守并创造一条清晰的传球路线以方便队友传球。你要提醒球员在进行空切训练时心里想着 ABC 三点。

挡 拆

挡拆是一种进攻打法，在这种打法中，一名无球球员给持球队友做"墙"掩护形成挡，然后利用转身向篮下下顺形成拆，接队友的回传球投篮得分。当无球球员能像"墙"一样做挡拆拉开空当并接球投篮（投篮命中更好）时，你就准备庆祝一下吧。此时此刻，任何教练都知道，小球员们开始作为一支团队在打球了。挡拆是最简单的配合战术之一，也是最能经受考验的配合战术之一。几十年来，挡拆战术一直是许多职业球队进攻的主要手段。一年级的孩子们也能学会挡拆战术。

在挡拆中做"墙"，就好比在一个十字路口拦住来往车辆，让好朋友安全地通过。做"墙"挡住对方防守队员就可以为队友开辟一条通向篮筐的清晰路线。"挡"好了，接着就是"拆"。做"墙"的球员向篮筐转身，并面向球的方向准备接球。挡拆战术至少可以使两名进攻球员能对对方的防守构成威胁，甚至进球得分。

做"墙"的方式和使用"墙"的方式有无数种，它几乎是所有进攻战术组合的基础。做"墙"的技术动作要求都差不多。做"墙"的队员向队友挥手并喊出他的名字，示意将要做出挡拆的动作方向并保持"墙"的姿势，不能移动以阻拦对方防守队员。做"墙"的球员膝关节微屈，两脚分开、与肩同宽，双手交叉相握，肘部内收紧贴身前（如图 3.12），并随时做好拆和接球的准备。

图 3.12 挡拆的正确姿势

练习 1 原地控球

🏀 初级

器材： 每人 1 个球。

目的： 加快控球和运球的速度。

方法： 你在做各种运球的示范练习时，可以让球员每人持球围着你成一个大圈观察你的动作。球员首先要做的就是控制好球，然后才是加快运球的速度。鼓励球员们在运球时抬起头（不要看球）。运球时，膝关节弯曲，臀部下沉，不要弯腰。下面的练习，教练先做正确的示范，然后让孩子们跟着练习。

·**手指拨球**。用双手手指在胸前位置拨球，使球在两手之间拨来拨去，距离约为 1 英尺（0.3 米）。动作熟练后，再进行双手上下移动拨球。

·**身体绕球**。用双手围绕头部顺时针方向转球，然后再逆时针方向转。仿此动作，使球绕腰、绕膝转，然后再反方向转。球绕膝转圈时，注意尽量使两膝并拢。动作熟练后，可进行围绕头、腰、膝上下移动的连续绕球（如按头、腰、膝、腰、头等顺序），重复几次。

·**绕单膝转圈**。双手交接，使球围绕右膝转圈，然后反向重复。做几次后，再在左膝仿此动作。动作要快，并尽量不使球掉落。

·**"V"字形运球**。用左手用力将球斜向运到地面并斜线反弹至右手，使运球路线在体前形成"V"字形运球轨迹。运球时，要屈膝，尽量将球运得低一点，非运球手做好主动迎球的准备；抬头平视，逐渐加快运球的速度。运球要有力。

如果孩子们在上面的练习中获得了信心，接下来你还可以对练习的形式做些变化。我们不是建议你要一味地讨好孩子们，而是一些特定的激励措施能最大限度地引导他们在正确的方向上尝试更多的挑战。例如你说一句"谁能在两周内学会运球，我就奖励一支冰激凌"就足以激发孩子们迎接挑战的欲望，但你的预算要能承受得起。

中级

单手 "V" 字形运球

方法：用单手在身前或体侧做 "V" 字形运球，先练右手，后练左手，球在哪边就用哪只手运。不断加大 "V" 字形运球的动作幅度，同时手腕随球翻转，控制球左右或前后的运行轨迹。（如图 3.13）

图 3.13 单手 "V" 字形运球

胯下 "8" 字绕球

方法：球员两手交接在胯下做 "8" 字原地绕球动作。先用右手将球绕到右腿与膝齐平的位置，然后将球从胯下交到左手并绕过左腿，使球的运行轨迹呈 "8" 字形。（如图 3.14）做这个动作时，速度越快越好，可以由前至后完成，也可以由后至前完成。

图 3.14 胯下 "8" 字绕球

双手交叉接胯下反弹球

方法：双手交叉持球于胯下，左手在左腿前，右手在右腿后。松开双手，使球下落后触地反弹，然后快速移动双手，使右手在前、左手在后接住球（如图 3.15）。以这种方式交替换手接球，持续 20 秒或更长时间。

图 3.15 双手交叉接胯下反弹球

🏀🏀🏀 **高级**

双手前后交替接球（球不可落地）

方法：双手交叉持球于胯下，右手在右腿后，左手在左腿前。松开双手，使篮球下落，然后快速交叉移动双手，使右手在前、左手在后，在球落地前将其接住（如图 3.16）。以这种方式交替换手进行练习，持续 20 秒或更长时间。尝试在球不落地的情况下至少能连续做 5 次。

图 3.16 双手前后交替接球（球不可落地）

单手绕单腿胯下运球

方法：球员用右手在右腿外侧运1次球接胯下运1次球。做这个动作时，两脚不动，距离略宽于肩。靠近右腿外侧运球（第一次运球），然后将球快速拉到右腿后方，并使球从右腿内侧反弹至身前靠右腿侧前运球（第二次运球）（如图3.17）。这个动作的关键是右手能及时地从腿后运完球后移至身前并接住触地反弹的球，然后继续运球。这个练习也可以在身体左侧进行，不过，由于球员的惯用手大多是右手，刚

图3.17 单手绕单腿胯下运球

开始时做左侧练习似乎是不可能的。你要有耐心，先做好动作示范，然后鼓励球员回到家里多练习。

胯下"8"字运球

方法：球员用双手围绕双腿运4次球。先用右手在右脚侧运球（第一次运球），然后将球拉到身后（如图3.18a）从胯下运球反弹至身前（第二次运球），左手迎接球，在左脚侧运球1次（第三次运球），然后将球拉到身后（如图3.18b）从胯下运球（第四次运球）反弹至身前，用右手迎接球，完成一个"8"字运行轨迹后再重新开始下一个运球循环。如果球队中有球员掌握了这项技能，可以让他担任控球后卫。同样，这也是一个须要在家多练习的技能。

图 3.18 胯下 "8" 字运球

练习 2 行进间运球

🏀 初级

器材： 3 个篮球。

目的： 模拟比赛，练习运球推进。

方法： 球员在球场的端线处排成 3 队，一队在中间，另外 2 队靠近边线。排在队首的球员各持 1 个球，用右手运球到另一侧端线，然后再以同样的动作返回将球交给下一名球员。每名球员都完成一个来回后，再用左手运球，同样每人做一个来回。（如图 3.19）

训练要点： 先要让球员学会行进间运球，再逐渐加快运球的速度。运球时要抬头平视，屈膝而

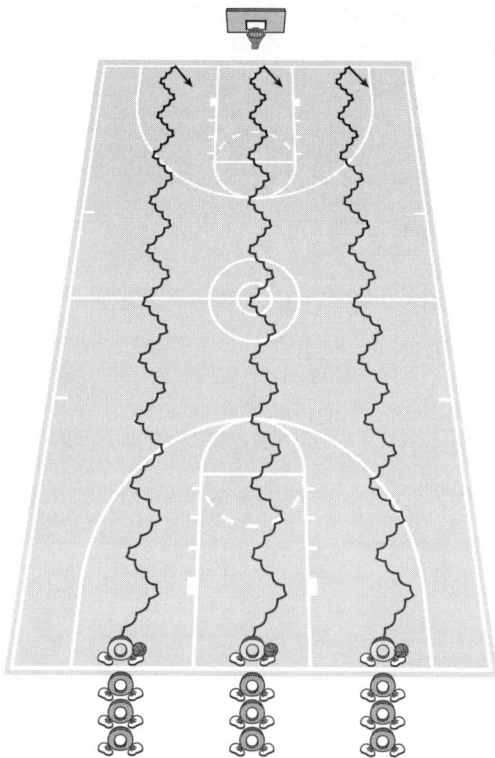

图 3.19 行进间运球

不是弯腰，球的高度不要高于腰胯部，用力将球向地面按拍。你要提醒球员用掌根以上的部位触球，避免用指尖戳球。要想提高左右手控球的平衡能力，可以进行左右手交换运球的练习，这样在比赛中运球变向时，就可以又稳又快地将球从一只手变换至另一只手。如果不能做到左右手均衡运球，运球变向时的交接就不会流畅，球就很容易被对方抢走。球员们刚开始做这个练习时可能走不了直线，而会沿"S"形路线运球。培养球员双手均衡的运球能力，不仅是为了在场上运球加速或减速，而且

能在突破对方紧盯的防守队员时做 45°角底线上篮。

🏀🏀 中级

全场往返体前变向运球

器材：每人 1 个球。

目的：培养球员左右手运球的能力和信心。

方法：先用右手向右前方运球 2 次，再在体前变向（体前"V"字形运球），然后向左前方向运球 2 次，在体前变向（体前"V"字形运球）。依此重复，从球场一侧端线开始，到达另一侧端线后折返。（如图 3.20）

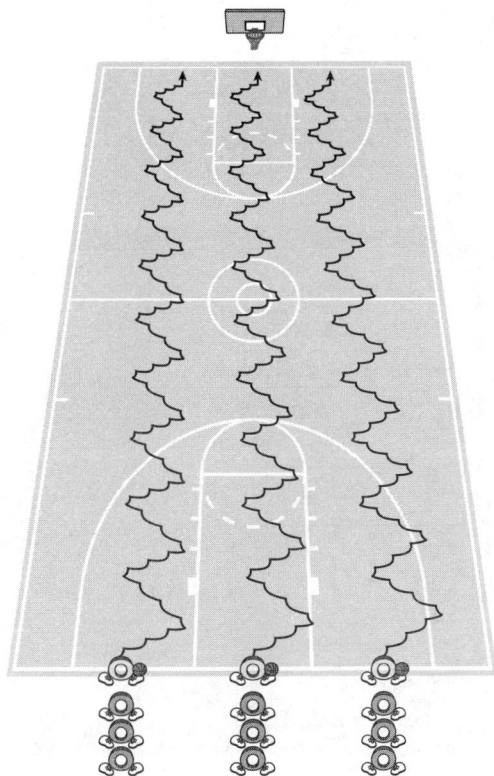

图 3.20 全场往返体前变向运球

全场"Z"字形变向换手运球

器材： 每人 1 个球、锥桶（可选）。

目的： 学习以换手运球的方式进行进攻推进和突破防守。

方法： 右手向右侧运球 2 次，变向运球到左手，左手向左侧运球 2 次，然后重复。运球到对侧端线后返回。变向时，球靠近小腿前，低于膝关节的高度。运球的路线要形成"Z"字形。在体前变向时，弱侧脚随球的方向向侧前跨出一大步，以更好地完成这个动作。与此同时，球员应向球的方向侧身转肩配合完成变向动作。（如图 3.21）

图 3.21 全场"Z"字形变向换手运球

训练要点： 学会了全场"Z"字形变向换手运球技能，你就可以让球员练习胯下变向运球了。他们还应该学会以剪刀腿的姿势完成变向运球，也就是说，当球从右侧变换至左手时，左腿应当在前。

⑥⑥⑥ **高级**

双手交替或同时运双球

器材： 每人 2 个篮球、锥桶（可选）。

目的： 培养球员使用非惯用手运球的能力和信心。

方法： 双手交替或同时运球（如图 3.22a）。运球时，速度保持匀速，步法稳定，膝关节微屈，背部保持挺直，球的高度不要超过腰胯部。先做两手交替直线上下运球（如图 3.22b），再做"Z"字形双手交替或同时运球（如图 3.22c）。

图 3.22 双手交替或同时运双球

练习 3 沿三分线跑圈做内侧脚急停

初级

器材： 无。

目的： 帮助球员理解怎样使靠近篮筐的内侧脚先着地。"内侧脚先着地"是创造伟大投篮的重要一步。

方法： 球员在端线与三分线的交点处排成一队，然后沿三分线顺时针跑动，球员之间的间隔约为 5 英尺（1.52 米）。每跑几步，右脚或内侧脚（离篮筐最近的脚）先着地急停，然后以其作为中枢脚带动另一只脚并转身与之基本平行，保持面向篮筐的姿势。当球员到达三分线与端线的另一交点处时，要完成 4 次或 5 次这样正对篮筐的动作。所有的球员都到达后，重新列队，反方向重复动作至初始位置。这一次，他们的左脚将成为内侧脚。初学者可以先沿三分线边走边做此动作，待掌握动作要领后再逐渐加快跑动的速度。（如图 3.23）

训练要点： 要求球员们抬头，眼睛注视篮筐。球员围着三分线跑动时，肩应稍稍转向篮筐，保持侧身跑的姿势。转身面对篮筐时，内侧脚停稳后，另一只脚和肩要迅速调整以正对篮筐方向，保持身体平衡。

图 3.23 沿三分线跑圈做内侧脚急停

⚫⚫ 中级

三分线跑圈徒手投篮

器材：无。

目的：应用内侧脚先着地的理念徒手投篮。

方法：球员们在三分线上围成一个大圈，沿顺时针或逆时针方向移动。教练吹响哨子后，球员们就开始绕圈走，顺时针行走时，右脚作为内侧脚先着地急停；逆时针行走时，左脚作为内侧脚先着地急停。当教练的哨音再次响起时，球员们转动身体正对篮筐做徒手投篮动作。这个练习的重点是掌握内侧脚急停和转身面向篮筐的步法。（如图 3.24）

图 3.24 三分线跑圈徒手投篮

练习4 持球转身

器材： 4个球。

目的： 明确转身时的中枢脚，以避免走步违例，并掌握通过转身摆脱防守、创造空间以防止抢断和失误。

方法： 球员在端线处排成4路纵队，每队队首的球员各持1个球，教练站在球场中线。教练发出开始信号后，队首的球员运球向对侧端线方向前进，运球3次后做一次跳步急停，并正对对侧篮筐。教练指挥球员做一组由3个转身动作组成的组合练习：右侧前转身、右侧后转身、右侧前转身。做完这组组合转身动作后，球员用双手胸前传球将球给本队的下一名球员，并回到本队队尾（如图3.25a）。在下一组练习中，教练再指挥球员做另一组也是由3个转身动作组成的组合练习：向左后转身、向左前转身、向左后转身。球员掌握了持球转身的动作方法以后，对方防守球员要想将球封住防死就不容易做。接下来，你就可以组织球员在两名队友施加的轻度防守压力下练习持球转身了（如图3.25b）。教练可以对球员喊用哪只脚作中枢脚，要求他不能一直低着头运球，而是在遇到对方防守队员封堵或紧逼时通过持球转身来创造空当并把握时机给队友传球，这就有点类似于比赛的情景了。

训练要点： 不管是左脚作为中枢脚还是右脚作为中枢脚，一旦教练喊出，就要立刻停止运球做转身动作。每次转身之后，球员的两只脚都应基本保持平行。教练

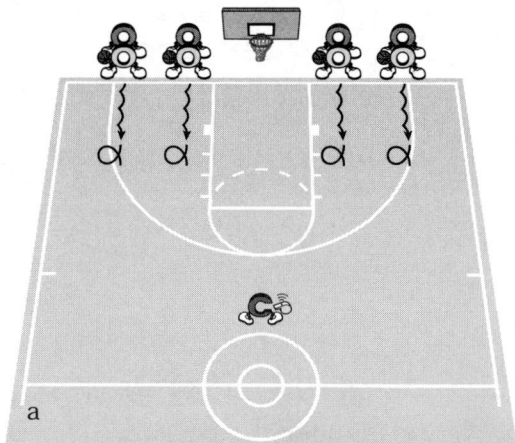

在训练中要重点关注球员转身的中枢脚是否与口令一致。球员在转身时要抬头平视、下巴端平（不要低头看脚），同时保持身体平衡。刚开始做这个练习的时候，有些球员不知道该用哪只脚作中枢脚是正常的，他们慢慢就会知道转身时是不能变换中枢脚的，否则就会造成走步违例。同样重要的是，球员在转身的同时保护球和创造空当是为了避免被对方防守队员抢断或造成传球失误。

图 3.25 持球转身练习

练习 5 上步投篮

🏀 初级

器材：先徒手练习，再持球练习（每人 1 个球）。

目的：通过练习掌握正确的上步步法和基本的面对篮筐投篮的身体姿势。这是一个入门练习，适合所有年龄段的孩子，设置简单，全员都可以参与。

方法：球员在肘区位置、面对篮筐排成两路纵队。开始练习时进行徒手练习，再持球练习。球员面向篮筐，肩正对篮板，然后沿腰线向篮下进行上步练习。球员轮流做这个动作，直到他们把每条腰线都走过几遍并掌握了上步步法。（如图 3.26）

在右侧腰线练习时，

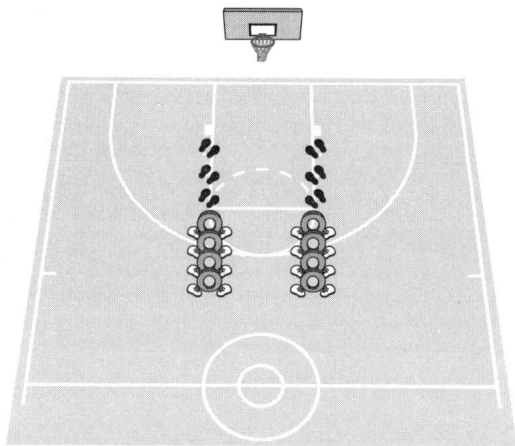

图 3.26 上步投篮

球员应当先迈左脚（内侧脚，即离篮筐最近的脚），上步时，左脚指向篮筐，右脚迅速跟上，与左脚基本保持平行；在左侧腰线练习时，球员应当先迈右脚（内侧脚），上步时，右脚指向篮筐，左脚迅速跟上，与右脚基本保持平行。

训练要点：重点练习投篮时的上步步法。在训练过程中，上步时要确保内侧脚先着地，双肩正对篮筐，保持与双脚的方向一致。球员在内侧脚着地后为了保持面向篮筐会有一个向篮筐转动的调整动作，这是很正常的，只是动作幅度不要过大。动作熟练以后，他们应该在内侧脚落地前使脚尖朝向篮筐，这样就可以更充分地做好投篮的准备。

中级

持球上篮

方法：球员在学会正确的上步步法后，就可以持球练习了。在右侧腰线的球员用右手运球 1 次并用内侧脚（左脚）先着地。运球时，球的落点很重要，应该落在与球员运球手同侧的右脚稍侧前方的位置。起球时，迅速形成双手合球，并将球带至右侧口袋位置（腰腹之间），同时调整双脚朝向篮筐，形成投篮准备姿势。在左侧腰线进行练习时，除了用右脚（内侧脚）先着地和左手运球 1 次以外，其他动作要求都一样。

训练要点：起初，增加运球上步起球的动作会使很多孩子觉得困难，他们会倾向于很夸张地迈大步，并很难协调地运球。你要让他们减小步幅，使迈步与球的弹跳同步。

举球和出手

方法：当所有球员掌握了上述内容之后，增加投篮时的举球和球出手的压腕动作，以完成完整的投篮动作。你可以让球员在肘区（罚球线两端）列队进行，每名球员按顺序完成下球、运球、起球、出手的动作。

训练要点：要求球员在持球时，将球放在投篮手侧的腰腹之间的位置。很多球员会不由自主地将球放到自己下巴的高度，你要让球员适应将球放在腰腹之间的位置。举球和出手（压腕）应该是同时发生的，这是一个连贯的动作。举球的高度应是持球手的食指达到下巴或脸颊的位置。球在面部前面，快速地出手。球出手时，脚（整个身体）是面对篮筐的。如果脚能够面对篮筐，那么肩也应该面对篮筐。

内侧脚上步接球投篮

方法：球员持球沿罚球线的延长线排成 1 队，面向肘区。练习时，球员将球轻轻地抛向肘区附近，然后上步接球并以内侧脚先着地。接球后，球员以内侧脚为轴转向篮筐（如图 3.27a），按下面列举的动作之一完成练习：上篮、护球上篮、急停跳投或运球 1 次（以靠近篮筐）后投篮（如图 3.27b）。如果增加 1 个投篮假动作，就更加贴近真实比赛场景了。

训练要点： 接球时，上步的步幅不要太大，这样有助于球员更稳地接住球并以内侧脚为轴转向。

图 3.27 内侧步上步接球投篮

练习 6 上篮

器材： 每人 1 个球。先徒手练习，待球员掌握脚步后再结合球进行练习。

初级

目的： 为了把球投进篮筐，大多数的初学者会不注意姿势和步法。这个练习的目的是帮助球员掌握正确的上篮步法。

方法： 在开始练习时，球员不拿球。没有球，也就不用运球。每名球员从右侧通过"门区"上篮，完成一个上步单脚起跳的上篮动作。完成右侧上篮动作后，球员到篮筐左侧，进行同样上篮动作的练习。一旦球员掌握了基础的通过"门区"的上篮起跳步法，以及接近"门区"的迈步方法之后，再让他们做从右侧或左侧上篮时的连续迈步步法练习。从右侧上篮，通过"门区"时保持内侧脚（左脚）在前的姿势，接着迈右脚、迈左脚接左脚单脚起跳；从左侧上篮，通过"门区"时则保持内侧脚（右脚）在前的姿势，接着迈左脚、迈右脚接右脚单脚起跳。球员掌握迈步步法后，再让球员把上篮的距离拉大一点，大概多出两步远的距离开始跑动练习。不断重复，直到球员掌握了正确的步法和节奏为止。

中级

持球上篮步法

方法： 当球员掌握了徒手上篮的步法和节奏以后，就开始做有球练习，但此时还是不要运球，只是持球进行上篮步法练习。练习时，双手持球，从右侧通过"门区"，按上篮步法的顺序和节奏用右手上篮。练习完从右侧上篮后，再在左侧重复动作，并用左手上篮，不断重复进行强化练习。

训练要点： 鼓励球员用非惯用手上篮、坚持执行正确的上篮步法，即使他们老是出错（他们会出很多错）。以右手为惯用手的球员开始时会用右手上篮，随后用左手上篮的频率会逐渐增多。你只要保证他们的步法是正确的就可以了。

高级

运球上篮

方法：现在，就该把所有的动作连接起来做完整动作了：运球，通过"门区"到篮下，完成上篮。让一半球员在半场的右侧列队并面向篮筐，前两名或前三名球员每人 1 个球。另外一半球员在半场左侧列队，同样面向篮筐。练习开始时，右路队首的球员运球通过"门区"上篮，抢到篮板球后将球传给左路的无球队员，再跑到左路队尾。而左路队首的球员上完篮抢到篮板球后，将球传给右路中的无球队员，然后跑到右路队尾，依次循环进行练习。（如图 3.28）

训练要点：确保球员在进入"门区"时是用双

图 3.28 运球上篮

手持球。上举球时经过脸部然后再举向篮板。如果他们在接近篮筐时已经有了足够的速度，上篮时要保持这个速度，在起跳至最高点、球出手的瞬间，投篮的手要保持五指张开、拇指向外。让球员进入实战上篮的状态，即每次上篮进入上篮路线时要有防守队员的概念和警惕性，上篮的动作要具有冲击力。强调比赛速度，一定不要否认这点！球员们在训练时有比赛的节奏，到了真正的赛场才会得心应手。比赛时在篮下慢悠悠是绝对不行的。

练习 7 传切（反切）

中级

器材： 1 个球。

目的： 这个练习旨在使球员学会切入（反向切入）篮下，从而摆脱防守球员的纠缠，确定传球路线并得分。对球员来说，与队友并肩作战并进攻到对方篮下是非常棒的体验，能激发他们进球的欲望。这个训练是你教给球员以团队的思维来思考和行动的第一步。

方法： 球员在两条腰线与端线的交点处排成两路纵队，每队队首的球员分别走到两侧阻区，一人有球，一人无球。练习开始后，有球队员 1 号将球滚向对角的肘区位置（腰线与罚球线的交点处），然后快步上前在该点附近追上球并捡起来（如图 3.29a）。滚球的动作要单独练习，这样球员才能根据球速快慢而在适当的位置追上它。

一旦球开始滚动，无球队员 2 号就侧身跑到对侧阻区，再沿该侧的腰线外侧跑到肘区位置（如图 3.29a）。当滚球队员将球捡起时，两名球员都应在各自的肘区附近。此时，有球队员将球传给无球队员（如图 3.29b），然后反向切入篮下。接球队员立即将球回传给切到篮下的球员，由后者完成上篮。

训练要点： 再强调一下，步法非常关键。有球队员要控制好球的滚动速度，以便在肘区附近追上球，不要让球超过罚球线。在进行反切时，要用强侧脚（靠近球侧的脚，也是与球员反切方向相反一侧的脚）做假动作摆脱，再突然变向向篮下反向切入。反切时要尽可能加速直线向篮下跑动，并以 90° 角切入。注意，传球（胸前传球或击地传球）要干脆利落。做这些动作时，小球员可以采用篮下接球双脚起跳投篮而不一定非得用上篮。

图 3.29 传切（反切）

🏀🏀🏀 高级

突破固定目标上篮

器材： 4 ~ 5 个篮球、1 把椅子。

方法： 球员在弧顶外排成一路纵队，教练或者辅助人员站在右侧侧翼，右侧肘区放 1 把椅子。持球队员先将球传到侧翼（如图 3.30a），然后反向摆脱，快速移动到椅子前接住从侧翼回传的球，突破椅子（如图 3.30b），完成上篮（如图 3.30c）。

图 3.30　突破固定目标上篮

训练要点： 摆脱的速度要快、要突然，直线向篮下反切，注意保持身体平衡。当直线向篮下反切摆脱遇到防守阻挡时，再快速地跑至椅子前接球。球员们掌握了这个练习套路后，教练可以让孩子们代替自己在侧翼传球。

练习 8 纵向空切（正切）

中级

器材： 1 个球。先做徒手练习，再做有球练习。

目的： 教会球员在无球时纵向从强侧向篮下空切。

方法： 球员在三分线外正对两个肘区位置面向篮筐排成 2 路纵队，间隔 10 英尺（3.05 米），2 名教练或 2 名球员分别站在队伍两侧翼以强化球员空切时关注球的位置和意识。练习时，球员先向弱侧（空切方向的反方向）跨步做一个假动作摆脱防守球员，然后从强侧（有球的一侧）通过"门区"向篮下纵切（如图 3.31a）。

为了使球员掌握纵切的步法，你一开始不要给球员们传球。球员们掌握了步法之后，再在弧顶区域开始进行有球训练，球员先将球传给侧翼的教练（或球员），再向弱侧跨一步做一个假动作摆脱防守球员后，纵向向篮下切入，切入时要主动伸手示意要球，接侧翼的回传球上篮或篮下急停投篮（如图 3.31b）。

训练要点： 球员们应该用远离球侧的脚做摆脱跨步假动作

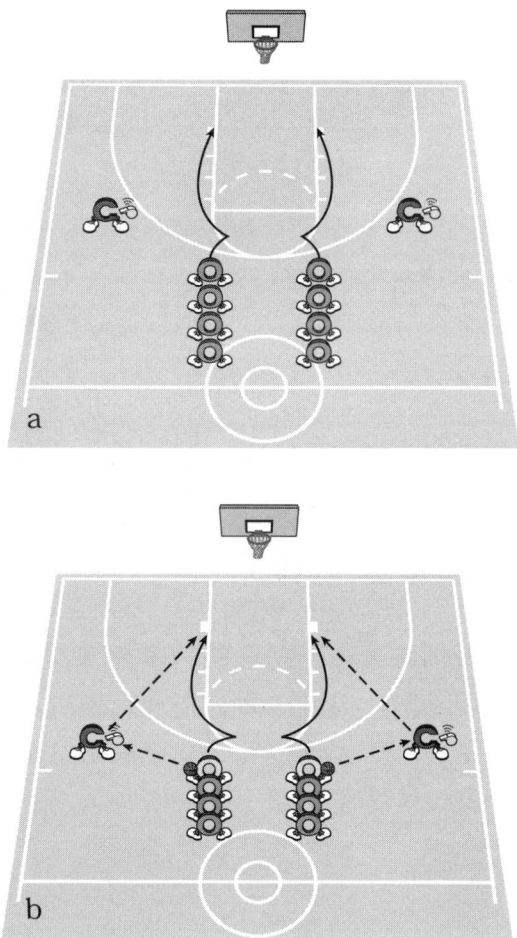

图 3.31 纵向空切（正切）

作摆脱防守球员，然后从强侧纵切。球员在纵切时要伸出双手要球，并做好接侧翼回传球的准备，这样传球的教练（或球员）才有传球目标。动作各个环节的衔接和节奏要连贯，移动要快。球员必须始终注视着球，随时准备接侧翼的传球，接球后要注意保护好球并在篮下寻找机会投篮。需要强调的是，球员在纵切时应该通过"门区"以找到上篮的最佳角度。

🏀🏀🏀 高级

背向切入

器材： 4 ~ 5 个篮球，1 把椅子或 1 个锥桶。

方法： 持球球员在弧顶附近列队，并与篮筐成一定的角度。接球球员在对侧的侧翼位置列队。在罚球线延长线与三分线的交汇位置放 1 把椅子（或 1 个锥桶），以便接球队员能创造一个切到篮下并上篮的最佳角度（通过"门区"）。练习时，接球球员先跑向椅子并用手触碰椅子，同时做接球的假动作，然后突然变向从椅子处向篮下背切。持球球员传球给切向篮下的球员，后者接球后上篮或护球上篮。（如图 3.32）

训练要点： 这个练习是强调球员直线向篮下切入的另一种方式。背向切入通常用于面对对方防守球员贴身紧逼并试图阻止传球或抢断传球的情况。球员要读懂对方防守球员动作的含义，并以灵活的步法切向篮下。

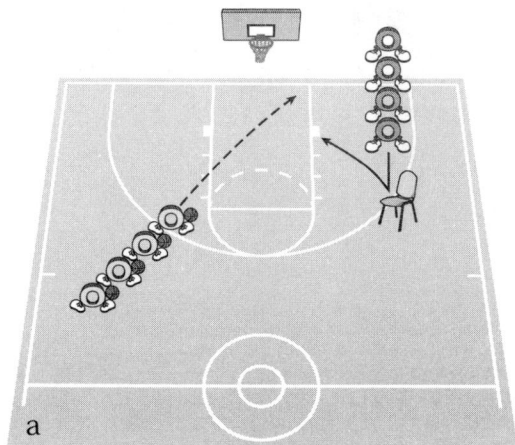

图 3.32　背向切入

练习 9 篮下投篮

◎◎ 中级

器材: 2 个篮球。

目的: 通过这个练习,球员们可以学会在篮筐近侧投篮的方法,强化体能,并提高投篮步法。在正式比赛中,篮筐近侧的投篮会受到对方防守球员的干扰,并且对抗激烈。

方法: 练习时,3 名球员站立于篮下,两侧低阻区各放 1 个篮球。1 名球员作为投篮球员站在两球之间,另 2 名球员面向篮筐分别站在两侧的低阻区的球前,投篮球员先快速移动至右侧低阻区弯腰捡起球,利用跨步在篮板右侧 45° 角投篮;投篮后,立即跑到左侧低阻区,弯腰捡起球并在篮板左侧 45° 角投篮。投篮球员投篮后,另外 2 名球员快速抢篮板球并将其放回原低阻区。这个练习持续 30 ~ 60 秒,球员记录规定时间内投篮命中的次数。(如图 3.33)

训练要点: 抢篮板球的球员抢到篮板球后要快速把球放回原低阻区,而不是把球传给投篮球员。投篮球员必须用力起跳,最好跳起离地 2 英尺(0.61 米)以上。

你要要求球员在训练时一定要全身心投入。如果投篮的角度不正确,投篮的努力就会白费。球员应尽量在与篮板成 45° 角的位置投篮,这样可以充分利用篮板,提高投篮命中率。

图 3.33 阻区投篮

🏀🏀🏀 高级

麦肯投篮练习

器材： 1 个球。

方法： 球员持球从篮筐左侧（或右侧）开始，用跨步完成投篮：在右侧投篮时，左腿向右侧篮下（45°角位置）跨一大步，脚后跟先着地，右腿迅速跟进，急停制动，双脚起跳，用右手投篮；在左侧投篮时则迈右腿，左脚跟进，急停制动，双脚起跳用左手投篮。每次投篮后，球员都要迅速抢到篮板球，用交叉步跨到对侧篮下双脚起跳投篮。连续重复进行以强化训练。（如图 3.34）

刚开始做这个练习时，没有经验的球员可以借助篮球馆的墙壁进行模仿训练，以使他们把注意力集中在步法和投篮时机上。待球员熟练掌

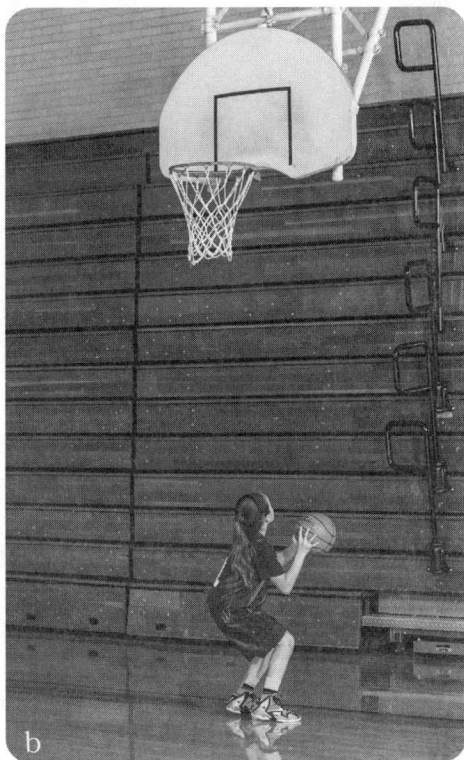

图 3.34 麦肯投篮练习

握动作要领之后，再转到篮下练习。

　　训练要点：这个练习是以篮球先辈乔治·麦肯的名字命名的，强调投篮的步法、时机，以及投篮的灵活性。球员在跨步时，脚后跟先着地，迅速过渡至前脚掌内侧，后脚跟进制动的步子不要太大。

练习 10 挡拆（反掩护）

🏀🏀🏀 高级

器材：1 个篮球。

目的：学习挡拆（反掩护）可以使球员更好地树立团队配合意识。这个训练旨在帮助青少儿球员学会设置掩护的基本技能，并将其应用到实战当中。

方法：3 名进攻球员在三分线外呈三角形站位（弧顶、左边路、右边路位置各站立 1 人），做徒手反掩护练习。1 名防守球员紧贴右路的球员，弧顶球员做出将球给左路球员的动作后，快速反向跑至右路防守人的侧面做"墙"形成反掩护。做"墙"的球员要用手势或口头（呼唤被掩护队员的名字）提醒队友"墙"已经设好。右路球员绕过"墙"切向篮下，准备接左路球员的传球上篮。（如图 3.35）空切的球员要记住，先向"墙"的反方向侧跨一步做假动作摆脱防守球员，然后紧贴"墙"切向篮下。球员们掌握了反掩护的要领后，再做有球的练习。

图 3.35 挡拆（反掩护）

训练要点：做"墙"的球员掩护的速度要快并占据合理位置，保持身体平衡。球员在做掩护时要屈膝，双脚分开与肩同宽，在掩护形成之后就不能再移动了，否则会被判进攻犯规。你要鼓励做"墙"的球员在形成掩护后与空切球员进行语言或非语言的提示交流。

⬤⬤⬤ 高级

挡拆下顺

方法： 球员们学会设置反掩护做"墙"后，再进行"拆"，即后转身的跟进动作。如图 3.35，右路的 2 号球员绕过"墙"切向篮下并将对方防守做"墙"的防守球员带走，形成换人防守以后，做"墙"的 1 号球员利用后转身紧贴被掩护的 2 号球员的防守球员，并向篮下跟进空切。左路的 3 号持球球员将球传给 1 号球员。刚开始练习时，可以进行徒手练习，待动作熟练以后再做有球的练习。

训练要点： 在这个练习中，把握好时机非常重要。做"墙"的球员在队友空切并造成防守换人带走自己的防守球后，利用转身向篮下跟进并要球。

挡拆突破分球

方法： 弧顶持球球员将球传至边路，然后迅速上前做"墙"形成挡。持球球员沿"墙"侧突破，同时做"墙"的球员侧身看球，向底角位置跑动，接突破队友的传球后跳投（如图 3.36）。

训练要点： 做"墙"的球员要把握好时机，不要背对突破的队友跑动，而是边跑动边侧身看球，以便及时接队友的传球。

图 3.36 挡拆突破分球

教练手记

✔ 教会球员如何传球，但不要忽视怎样接球。

✔ 用原地控球练习训练球员对球的控制。

✔ 强调用任意一只手运球的重要性。

✔ 教会球员如何正确地投篮，投篮命中率的问题就会迎刃而解。

✔ 不断地上篮才有机会赢得比赛，不上篮则会输掉比赛。

✔ 即使手中无球，球员也要通过切向篮下或做"墙"掩护的方式参与进攻。

✔ 要想有漂亮的投篮，首先要有灵活的步法。

✔ 转身可以防止对方封堵抢断并减少自己的失误。

✔ 进攻球员不要直线移动，而应先反向侧跨一步，然后再切向目标方向。挡拆和传切配合是球队整体进攻的基石。

第四章

提高防守能力的方法与练习

防守才是检验教练讲解能力的地方。防守并不像进攻那样有趣，要求球员全力以赴和具有纪律性，而纪律性的一个定义是"经过训练按照规则行动"。

对大多数孩子来说，纪律性和努力拼搏并非他们与生俱来的品质，需要教练教导、激励才可习得。孩子们可能不理解纪律和规则的必要性，但他们精力充沛、干劲十足。他们可能不知道或者不关心盯人防守与区域联防的区别，但他们喜欢跑跑跳跳和纵身抢球。现在，我们把除了纪律性之外的另一个词融进我们的防守训练——求胜欲望。

对于不是得分明星的孩子们来说，防守是他们对比赛结果产生重大影响的方法。优秀的防守球员与优秀的得分手一样，是球队不可或缺的一部分。教练在第一堂训练课上就要把这点讲清楚，要对训练和比赛中表现优异的防守球员进行表扬和奖励。要记住，防守和得分一样重要，如果对手在本方球员的严密防守之下无法得分，球队就输不了。

身体对抗的规则

好的防守，球员免不了要与对手进行一定程度上的身体对抗。不过，身体接触有一个合理的空间，超出这个空间，防守球员就有可能犯规。因此，教练要尽早告诉孩子们什么样的身体接触是被规则允许的，什么样的接触是违反规则甚至会对对手造成伤害。球员有时要加强防守，有时则可能要避让对方球员。

一般来说，对手控球时，防守球员不要有任何身体接触动作（包括冲撞、推人、肘击、手抓等）。如果防守的是运球的球员，就不要伸手去阻挡他的移动。球员要学会控制或封堵进攻球员的移动方向以谋求防守优势。对手在无球跑动或准备抢篮板球时，防守球员可以有较多的身体接触，不过要有限度。在正式比赛中，防守球员可以伸出前臂挡住对方的进攻路线，但前臂、上臂或肘不能朝对方的方向挥动。意外（如流鼻血）通常是过度防守造成的，所以你给球员强调遵守规则和把握好度非常重要。裁判也会据此做出判罚。

步法是好的防守的基础。教练要鼓励防守球员依靠双脚移动来抢得先机，但要把手放在自己身上，一开始就要警告他们不要随意伸手去抢球，这样做有可能会抢断对方传球，但更常见的情况是抢空或者被控球队员的腕部撞击，并因此失去身体平衡。这样一来，持球队员就有了突破至篮下的机会。伸手也是最有可能导致不必要的犯规动作。打手犯规是篮球比赛中最常见的犯规方式之一，因为它非常容易被裁判识别。因此，教练要告诫球员，伸手不是打篮球的好习惯。

姿势和选位

好的防守从正确的身体姿势和选位开始。如果球员没有正确的姿势与选位作为基础，就不能快速移动以阻止对手攻至篮下。防守的基本选位有 3 种方法，具体采用哪种防守选位取决于防守球员与球的关系。这种关系会随着球在场上移动而改变，无论是传球还是运球。

◎ 有球防守

最基本的防守对方持球球员的姿势和选位适用于任何防守情形。很多小球员都喜欢弯腰，这个动作很容易让他们失去平衡。你要鼓励他们屈膝，臀部下沉，两脚分开、略宽于肩，双臂伸开，肘部微屈，双手拇指向上。（如图4.1）

当防守对方持球球员时，球员必须密切关注球的动向，在球的运行路线上做好防守选位。防守球员应该根据对方持球球员用哪只手运球来选择是向左还是向右移动。这样做的目的是为了卡位以阻断对方持球球员突向篮下的路线。防守球员不要伸手去抢球，而应该保持手臂伸开、肘部弯曲，并以圆弧路线挥动手臂，以干扰球和增加对方持球球员的控球压力。

图 4.1 防持球球员

◎ 近球的错位防守

错位防守应用于防守近球或接队友传球的进攻球员。防守球员应该站在被防守球员与球之间，屈膝以降低重心（如图4.2）。防守球

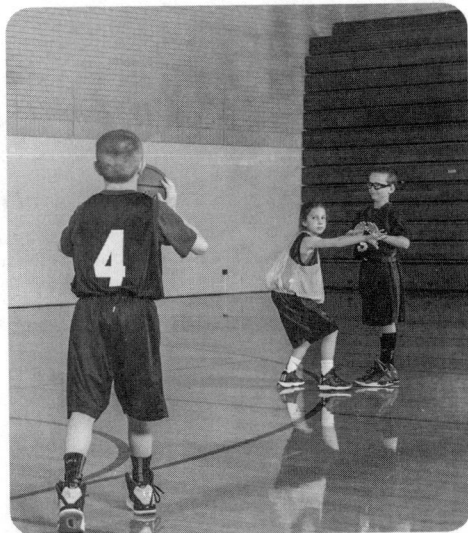

图 4.2 错位防守站位

员伸直手臂（离对方传球队员更近的那只手臂）卡住传球通道，手掌张开，拇指向下，转头看球，这样就可以做到人球兼顾了。

◎无球防守

对于那些不防守持球球员也不防守邻近球的球员来说，协防和防守选位是正确的选择。这就要求无球防守球员向协防线（一条想象中的从这侧篮筐到对侧篮筐将篮球场地一分为二的中轴线）移动，并背对他们要防守的篮筐，张开双臂、屈膝（如图4.3）。防守球员选择的正确位置应该是和球、盯防的球员形成一个三角形。防守球员张开双臂，一手对着球，一手对着盯防的球员。

小球员们在防守时经常犯的错误是只看球的一侧（强侧）不兼顾盯防的球员或者只看盯防的球员不兼顾球。背对篮筐以通视的姿势站位，他们就能看到全场了。与防守对方持球球员（防守球员将注意力集中在身前的球上）不同的是，协防球员采用通视姿势可以始终注视着球的移动，余光兼顾自己盯防的球员，能随时对球的移动和对手的移动做出反应。

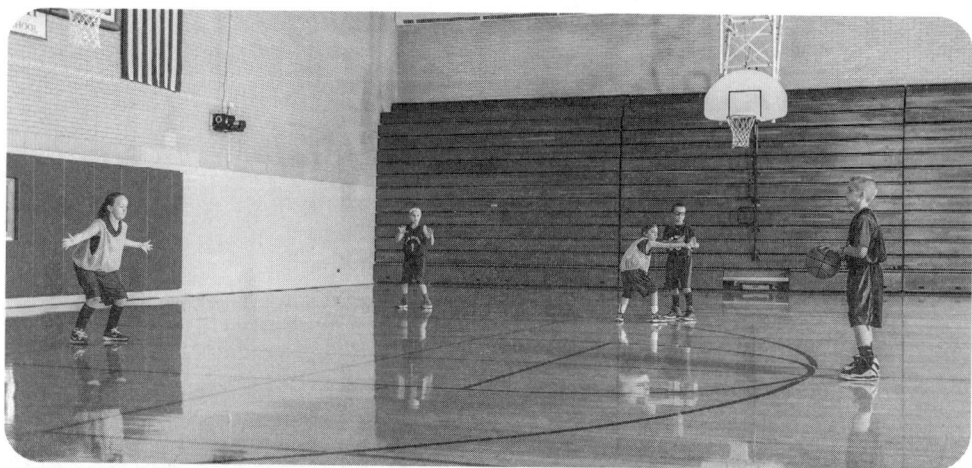

图4.3 远离球侧的防守球员要根据球的位置进行协防选位移动

退防

好的防守取决于快速到位的退防。球员们全力跑回他们要防守的半场后，快速找到自己负责防守的球员，并能根据球的位置进行选位，使用滑步等防守步法和封堵等动作干扰进攻球员，要避免在场上慌张地找人和盲目乱跑。小孩子们刚开始时往往很难做到这一点，这些动作和方法需要球员经过不断重复的训练才能掌握。一旦孩子们意识到盲目乱跑并不会有效遏制对手得分时，球队的防守水平就会有很大的提高。

◎防运球

在防守运球球员时，通常用侧滑步做横向移动。滑步时的步幅不要太大，频率要快，两脚不要并步，也不要交叉，在跟随运球球员行进时要抢占进攻路线，迫使他改变运球方向。一旦对方的运球方向发生了改变，防守球员也要随之积极调整位置，主动改变方向。如果是从右侧变到左侧，防守球员应当迅速撤左脚再衔接滑步；如果是从左侧变到右侧，防守球员应该迅速撤右脚再衔接滑步。当运球球员突然变向加速时，防守球员要快速后撤并用交叉步进行追防，快速抢到运球球员的前面并保持合适的防守距离，然后再运用滑步进行防守。

防守球员要始终保持合理的防守姿势，在持续移动中让自己的身体领先运球球员半个身体，和球在一个平面上，而不是直接面对运球球员，始终保持稳定的防守重心。这样就能对持球球员形成压力和干扰，迫使对方放弃他想要突破的运球路线。当然，在面对一个能够快速突破并善于得分的运球球员时，防守球员必须要全神贯注才有可能保持正确的防守姿势。一开始的时候，没经验的防守球员可能会觉得防守这样的球员很困难。你要鼓励球员在面对这样的困难时要有股子韧劲和决心："不管你运球的速度有多快，我都能防住你！"

防守是件费力的苦差事，很多球员都不专注于防守，所以，教练要对全力以赴防守的球员加以肯定，在他们做出积极的抢位和滑步移动并迫使运球球员变向或因进攻受挫而停止运球时，要给他们鼓掌助威。斗牛犬式的防守后卫常常是队中默默无闻的明星，作为教练，你要有意地在队中为他们撑腰。

◎防投篮

对于防守球员来说，保持与持球球员的（持球球员可以进行投篮、突破、传球的三重威胁）距离非常重要。防守时，降低重心，控制好身体平衡，上扬一只手臂（左手对应投篮球员的右手），运用碎步快速逼近持球球员，以防守其投篮。（如图 4.4）

防守球员上前防守时，在距离进攻球员 3 英尺（0.91 米）左右的位置停下来，如果距离过近，可能会被进攻球员轻松地突破掉。保持较低的重心可以进行灵活的撤步并

图 4.4 防投篮

在移动中贴身抢占进攻球员向篮下突破的路线。最重要的是，防守三威胁球员时，首先要防守其投篮。如果必须在保持正确的防守姿势可能会给进攻球员留出进攻空间和失去姿势一味地防守投篮之间做出选择的话，那么应该选择前者。

◎防守选位

防守选位时，要根据进攻球员的传球选择不同的防守位置，主要取决于防守球员与球的位置关系，要根据对手的每次传球调整自己的防守位

置。防守球员在意识到自己防守的球员准备接球时，就要通过碎步或滑步逼近他，并在其接球的同时，形成正确的防守姿势。

抢防守篮板球

把对手的进攻控制在零投篮，或仅 1 次投篮，就是极好的防守。因此，在对手投篮不中后抢篮板球就成了任何防守最后、最关键的因素。抢到篮板球的孩子应该得到教练的肯定。在球员抢防守篮板球时，教练要用良好的精神状态和夸张的面部表情（比如大声喊叫）鼓舞球员。教练，你可以随意展示你的面部表情。如果没有其他情况，孩子们在状态不错的时候应该看到你开心的表情。

抢防守篮板球的球员必须伸展手臂去抢球，高高跃起主动迎球，在跳到最高点时将球争抢到，而不是等待球下落到头或肩的高度再去抢。为了增加起跳时的爆发力，球员们在起跳时要充分屈膝，举起双手，伸展手臂。你要要求球员主动抢球。很多没有经验的防守球员抢篮板球时往往站在篮下举起双手，膝关节伸得直直的，仿佛在向天祈祷要球落到他手里似的。举起的双手和锁定的膝关节并不能让球员跳得更高，因此，球员要抢占位置，以为自己起跳创造空间。

球员在抢到防守篮板球后，双手要护牢球，两肘微向外张，把球保持在头部或头部以上的高度。落地后，应把球护在身前，不要举过脑后，否则会被对方球员从身后将球抢走。

图 4.5 卡位挡人

在争抢防守篮板球时，卡位挡人最好的球员往往更容易抢到。"用臀部顶对手的肚子"是对卡位挡人技术最形象的描述。防守球员的双手应该在身后创造一个小的空间，把对手封闭起来使其无法接近篮筐（如图 4.5），用背和双手感知对手的动向，然后转身封堵对手。这里有句教练应该对每名篮板手说的箴言："抢到对手身前，也就占到了抢防守篮板球的有利位置。"

防守弱侧切入

当无球的进攻球员从弱侧切入禁区并接队友传球、创造近距离投篮时，场上的防守局面就可能失控。防守球员必须在对方接球前封堵其向篮下空切或迫使他改变方向，也就是说，切断他向篮下空切的前进路线。

防守球员应该平伸手臂，挡在接球球员身前（如图 4.6），并迫使进攻球员离开篮筐或者改变方向，做这个防守动作时，应该用离切入者近的那只手臂；弯曲肘部，

图 4.6 阻挡切入者的正确技术

用前臂挡住切入者的接球路线。另外一只手（离球近的手）向前伸出，阻断传球球员给切入者的传球路线。防守球员应当做好与切入者有身体接触的准备，并通过弯曲膝关节、略微加大步幅来保持平衡。也就是说，重心降低，两脚分开。与切入者的身体接触是不可避免的，否则，切入者就没有必要停下来。在训练中，教练一定要让球员明白这点。切入者应该能感觉到防守球员拼尽全力防守的决心。

防守内线球员

教会孩子们防守一名带球突入篮下的球员又是一个挑战，这要求防守球员更近距离地防守对手。你还记得奥莉维亚·纽顿-约翰的老歌《无言的表白》（*Physical*）中那句"让我们彼此靠近"吗？教练，你也可以准备好音箱，这首歌做今天这个训练的背景音乐还真是不错。

大多数内线球员会落位在三秒区底端，就是低阻区上位、三秒区外的地方（为了避免三秒违例）；有的内线球员会落位在腰线与罚球线的交点（肘区），即三秒区的顶端，也有内线球员会落位在罚球线的中间。

青少儿可以使用封堵技术在罚球线的中间位置和三秒区的顶端进行防守，这样就可以防止内线球员运球上篮。一旦对方内线球员运球后将球举起，防守球员就可以进行贴身封堵，使其投篮或传球变得困难。要防守一名背对篮筐准备接球的对手，防守球员还要知道如何处理下面的情况。

· **防守从 45°侧翼（或弧顶）传来的球**。防守球员可以在接球球员身前平伸离球近的手臂以阻断传球通道（拇指向下）（如图 4.7）。为了使对方的内线球员接球更困难，防守球员也可以用离球近的那只脚卡在其两脚之间封堵传球通道。这种防守方法一般在对方将球从弧顶或侧翼 45°传向禁区内的中锋时使用。

· **防守从底角传来的球**。如果球被传到底角，防守球员必须通过"绕前"防守的方法贴紧进攻队员，干扰其接球。"绕前"防守可以分为两步：第一步，防守球员抢底线位置侧前防守，前侧手上举，手掌正对着球，拇指向下，后侧手伸直以扩大防守面积，转头看球，抢站在传球路线上（如图4.8a）；第二步，后脚迅速插向进攻球员的左脚方向，转身180°，用臂部紧贴着进攻球员，面向传球人，阻断传球（如图4.8b）。这样就可以阻拦或干扰任何从底角传到内线的球，并且能阻拦或延误从底线突破的球员。当球从底角回传到侧翼或顶弧时，防守球员必须向后撤步调整防守姿势，在进攻球员和篮筐之间保持良好的防守姿势，人球兼顾，外侧手朝球的方向伸出以阻断传球路线。

图 4.7 阻止对手向三秒区底端传球

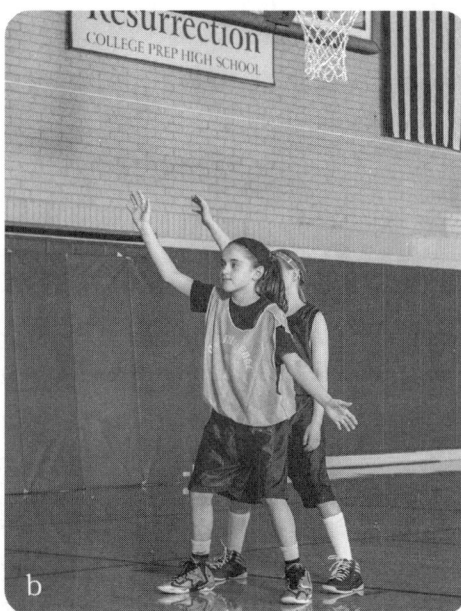

图 4.8 防守传到底角的球

·防守占有身高优势的内线球员。为了防守在三秒区底端有身高优势的球员，防守球员要抢站在三秒区底端的进攻球员身前，防止其他球员运用击地传球或胸前传球将球传给内线球员。在抢占内线球员身前防守时，防守球员要控制好身体平衡和步法，用背部或手感觉自己防守的内线球员。这会迫使传球球员试图采用高吊传球的方式将球传给内线球员。一旦对方采用高吊传球，弱侧的防守球员必须进行协防，或抢断球，或形成夹击。（如图 4.9）

图 4.9 防守占有身高优势的内线球员

练习 1 防守基本姿势练习

🏀 初级

器材：无。

目的：强化球员正确的防守姿势。

方法：球员们围成一个大圈（或者沿球场边线站成一列），保持正确的防守姿势，在规定时间内连续做几组，也可以比赛看谁保持防守姿势的时间最长。教练发出"预备，开始，防守！"的指令后，球员们要尽可能长时间地保持正确的防守姿势，直到教练吹哨结束。接下来，让坚持时间最长或姿势最标准的球员发"预备，开始，防守！"的指令，开始新一轮的练习。（如图 4.10）

训练要点：屈膝，下沉臀部，降低重心，以便于滑步时快速移动。张开双臂，微屈肘部。教练要提醒球员们避免直着身子或直着腿做这个练习。

图 4.10 防守基本姿势练习

练习 2 徒手 "Z" 字形滑步

初级

器材：无。

目的：让球员掌握抢占对方运球球员的身前位置，切断其通向篮下的进攻路线。

方法：球员在端线右侧列队，背对球场，依次以 "Z" 字形路线进行侧向滑步。变向时使用后撤步，向右侧滑两步后撤左脚（左脚指向继续滑步的方向），再向左侧滑两步（向侧后方移动）后撤右脚（右脚指向继续滑步的方向），然后再向右侧滑两步，连续重复上述动作，到达对侧端线再在另一边继续练习（如图 4.11）。上一名球员到达半场时，下一名球员开始练习。开始练习的时候，球员的滑步动作可以慢一些，待熟练掌握动作要领后再加快速度。否则，训练就会很快变成一场乱哄哄的闹剧，球员们会撞得人仰马翻。

图 4.11 徒手运球 "Z" 字形滑步

训练要点：球员要保持较低的重心，滑步的步幅不要太大，两脚不要并步或交叉，节奏感要强。从右到左变换方向时撤左脚，从左到右变换方向时撤右脚。

防守运球"Z"字形滑步

方法：在徒手"Z"字形滑步的基础上，增加1个"Z"字形运球的进攻球员：向右运球2次，然后向左运球2次，重复动作并沿场地边线前进。这个练习将会为防守球员在"Z"字形滑步时与运球球员保持适当的距离与防守姿势提供实战的体验。这是一个防守练习，并不是为进攻球员晃过防守球员而设计的，因此运球球员要配合防守进行练习。（如图4.12）

训练要点：教练要强调防守球员不要试图用手去阻挡运球球员，要保持正确的步法，要让鼻子正对球的位置。

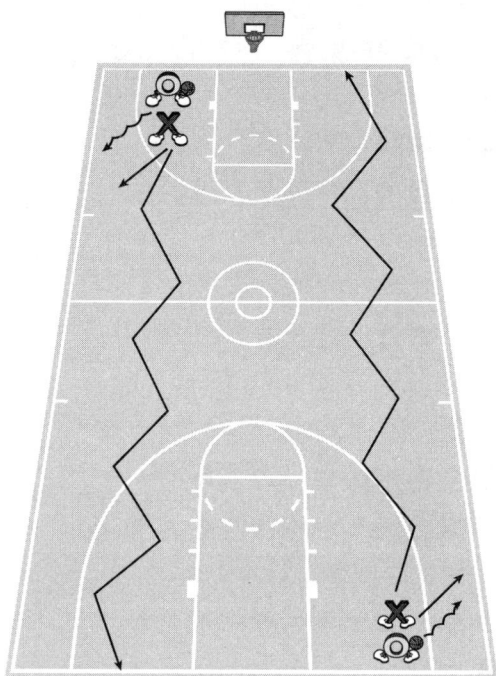

图 4.12 防守运球"Z"字形滑步

练习 3　封堵防守

器材：每组 1 个球。

目的：教会防守球员运用碎步快速上前逼近持球球员，以防止对手形成三威胁进攻组合（运球、传球或投篮）。主要目的还是防止进攻球员接球后投篮或突破上篮得分。

方法：防守球员在端线与腰线的交点排成 2 队。进攻球员则在肘区排成 2 队。站在端线处的防守球员将球传给同侧肘区的进攻球员，然后快速上前进行封堵。（如图 4.13）

图 4.13　封堵防守

训练要点：防守球员上前逼近防守时，要保持好身体平衡并用碎步减速接近持球球员。球员在做碎步时，运动鞋与地板摩擦会产生"吱吱"声。教练可以告诉孩子们："吱吱"声越响，碎步做得就越好。防守球员在上步时要与进攻球员保持好距离（大约是手臂长度的 1.5 倍），举起一只手臂防止对手投篮，并保持低重心准备随时移动，以封堵对手的突破路线。

练习4 "脚火"步法

器材：球。

目的：鼓励球员运用碎步移动，强调封堵防守的价值。

方法：将球员分成3组，组与组间隔10英尺（3.05米）。每组人数相等，沿球场纵向站立。每组球员之间距离3英尺（0.91米）。两侧球员面向中间组球员。教练持球面向中间组球员站在正前方，中间组球员采取防守的姿势，手臂伸开、拇指向下，膝关节微屈面向教练。

教练喊完口令后，中间组的球员快速地进行原地碎步跑，注意膝关节不要抬得过高。步法应该是快速的小步，就好像快速抖动的火焰。球员们连续做这个动作，直到教练将球传给外侧组的第一名球员。在球员接球的同时，中间组的球员快步上前到接球队员组前进行封堵练习，直到教练对封堵的姿势做出评判。随后，教练要回篮球，球员回到各自的初始位置。教练再将球传给另一组的第一名球员，继续做这个练习。

五六轮后，组与组交换位置，直到3组球员都在中间的位置练过1遍。起初，孩子们可能会在训练时笑个不停，如果笑声停止，就表明孩子们累了，是时候对他们的位置做出调整了。（如图4.14）

图4.14 "脚火"步法

训练要点：碎步跑的频率越快越好，这个练习的关键就是小步、快速、多变。防守球员必须保持安全的封堵距离（2～3英尺即0.61～0.91米）并保持正确的防守姿势。

练习 5 抢篮板球

🏀 初级

器材： 球。

目的： 提高球员抢篮板球的能力。

方法： 教练持球站在篮筐左侧，球员在篮筐右侧列队。教练将球抛向篮筐右侧外的篮板（球不接触篮筐），球员奋力起跳、伸展手臂，争取在起跳至最高点时将球抢到，双脚落地后再将球还给教练。重复练习，直到队伍中的每名球员都练过几遍。这个练习要保持较快的节奏。（如图 4.15）

图 4.15　抢篮板球

训练要点： 球员应伸展手臂主动去抢球，抢到球后尽量使球保持在头部的前上方。

🏀🏀🏀 高级

卡位挡人

方法： 抢到球只是有效抢篮板球的一部分，同样重要的还有卡位挡人。一旦球员掌握了抢篮板球的动作要领，就可以学习如何在对手面前卡位挡人了。练习方法是 3 名防守球员站在端线处，间隔 4 ～ 5 英尺（1.22 ～ 1.52 米），另外 3 名进攻球员分散站在罚球线上与其相对而立，保持同样的距离。1 名防守球员持球。

持球的防守球员将球传给其中的 1 名进攻球员，然后 3 名防守球员向前移动，封堵各自对应的进攻球员。防守球员可以让有球队员投篮，并在球被投出后张开双臂，判断对手向篮下移动的路线，利用转身将自己防守的对手挡在身后。一旦对手被挡在身后，防守球员就可以果断地抢篮板球了。（如图4.16）

图 4.16 卡位挡人

训练要点： 抢篮板球的球员转身后要用自己的臀部顶住对手的腹部，用身体感觉对手所处的位置。如果没有身体接触，这个练习就没有意义。

练习 6 侧翼阻断防守

中级

器材：球。

目的：训练球员防守向侧翼摆脱移动或已经位于侧翼、正准备接弧顶队友传球的球员。防守球员要掌握在对方侧翼球员已经摆脱防守的情况下阻断对手传球的跑位方式。

方法：1 名进攻球员和 1 名防守球员在低阻区准备开始练习。教练持球站在弧顶处以更好地模拟真实比赛场景。无球的进攻球员向侧翼跑动摆脱，跑到距篮筐 15 ~ 18 英尺（4.57 ~ 5.49 米）的位置，然后再反身跑回低阻区。在对方侧翼进攻球员来回跑动摆脱时，防守球员始终保持正确的防守姿势和步法，在球和盯防的球员之间合理选位以阻断传球。（如图 4.17）

图 4.17 侧翼阻断防守

在练习时，为了让防守球员掌握正确的技术和步法，进攻球员必须按照规定的路线和位置进行跑动摆脱，不要刻意做试图避开防守球员的摆脱动作。随着赛季的继续和实战经验的积累，防守球员在阻断对方侧翼球员时会越来越熟练。球员们掌握了阻断传球的防守步法之后，教练就可以尝试给侧翼进攻球员传球了，以确保防守球员能始终注意球的动向。

训练要点：防守球员必须保持较低的重心，不能起身站立或锁定膝关节，要处于进攻球员与传球人之间，同时伸出手臂挡住传球路线。教练要提醒防守球员看球，用余光看自己盯防的球员。

练习 7 近球协防选位

⚫⚫ 中级

器材： 球。

目的： 训练球员在防守时对球的位置的反应，以及如何选择适当的位置帮助队友防守。

方法： 开始时，2 名进攻球员（1 名球员在弧顶持球，1 名球员在侧翼）、1 名防守球员在弧顶。侧翼球员正在被 1 名假想的防守球员盯住。当球从弧顶传向侧翼时，防守球员要及时向球的方向做一个跳步移动选位，而不是直冲着侧翼球员跑去。防守

图 4.18 近球协防选位

球员要在球与自己盯防的球员之间选位，伸出靠球一侧的手臂封堵传球路线，能同时看见防守的人和球，这就是相对于球来说最合适的协防位置。(如图 4.18)

练习 8 轮转换位防守

中级

器材： 球。

目的： 帮助球员理解与队友合作协防护篮的意义并封堵投篮球员，为后面将要学到的完美的防守组合（第六章）打下基础。球员在这个练习中学到的技巧也可以减缓或化解对方的快攻战术。

方法： 3 名进攻球员（弧顶、两侧翼各站立 1 名球员）和 2 名防守球员参与练习。弧顶的进攻球员持球，防守球员 1 站在罚球线上防守弧顶球员，防守球员 2 在他身后 10 英尺（3.05 米）处协防护篮。防守弧顶的球员准备做滑步，同时协防护篮的防守球员保持一个通视的防守选位以能同时看到球和两侧翼球员。球员们先放慢节奏把每个防守位置都走一遍，以理解协防选位的意义，然后再逐渐加快练习的节奏。

当弧顶的进攻球员将球传给侧翼球员时，协防的球员 2 要快速上前封堵，防守球员 1 则直线退向协防护篮的位置（如图 4.19a）。当球从侧翼向弧顶回传时，2 名防守球员要回到自己起始的防守位置：协防护篮的球员 1 上前防守弧顶球员，防守侧翼的球员 2 回到协防护篮的位置。如果球从一侧直接传到另一侧，协防护篮的防守球员 2 则要上前封堵，防守球员 1 就要快速退到护篮的位置进行协防（这就是防守的轮转换位）（如图 4.19b）。如果接到传球的侧翼球员再将球传给弧顶球员，此时护篮的防守球员 1 要上前，侧翼的防守球员 2 再回到协防护篮位置。

训练要点： 防守球员选位时必须要保持一个通视的位置，这样才能随时观察到球和两翼的情况。需要强调的是，2 名防守球员不一定能阻止进攻球员投篮（甚至得分），但他们要努力不让对方轻易上篮。这个练习也可以模拟真实比赛的情景，让防守球员尽可能多地给对方施压，为队友回防赢得时间。

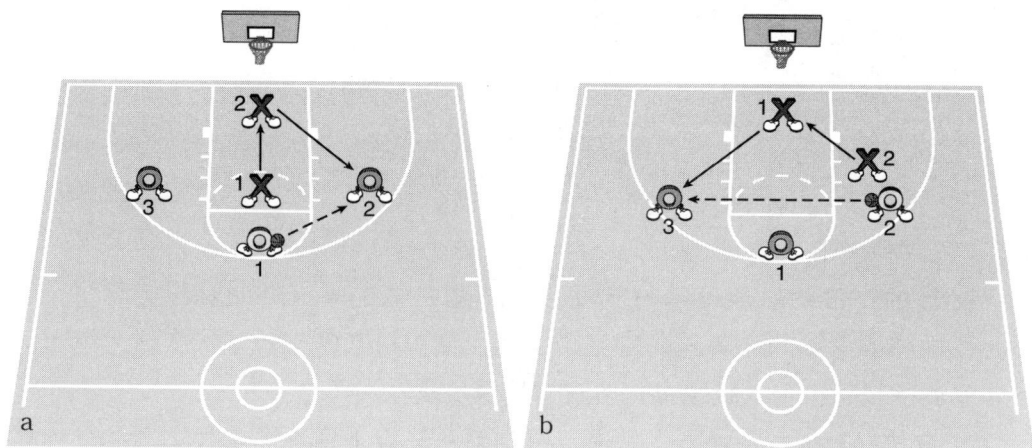

图 4.19 轮转换位防守

🏀🏀🏀 高级

2 打 1 快攻

方法：投篮的球员在投篮命中或防守球员抢下篮板球结束一次轮转换位防守后，快速退到后场罚球线附近进行防守；原来的 2 名防守球员则改守为攻，进行全场 2 打 1 快攻。在 2 打 1 的过程中，由于没有协防球员，防守球员必须站在罚球线靠近篮下的中间位置以阻止持球球员上篮。(如图 4.20)

图 4.20 防守球员必须站在罚球线靠近篮下的中间位置以阻止持球球员上篮

训练要点：这是一个模拟比赛中以多打少快攻场景的训练，同时强化防守的关键原则——阻止对手上篮的机会越多，赢得比赛的机会就越大。要想减少对方快攻上篮的次数，就必须全速回防，守护篮下，迫使进攻球员跳投而不是冲篮得分。教练要向球员强调协防的姿势和位置：靠近篮筐，张开双臂，双手分别对着自己防守的球员和持球球员，并且随时准备好向持球球员移动进行防守。在球员们对这个训练有了更好的理解后，持球进攻的球员在防守球员上前防守形成一个传球通道后就可以攻篮了。在这种情况下，防守球员要尽量保持防守的毅力和决心，尽力延误进攻球员传球的时机。

"5打0"转换"3打2"

方法：3打2的轮转换位防守可以在全场5打0快攻后进行比赛场景转换。5名球员沿端线站好，中间1名球员持球，在全场做一个5打0的快攻后用击地传球把球传给上篮的球员。练习开始，中间球员将球传给右侧邻近的球员，再从接球球员和与他同侧的另一名球员的身后跑向场地右侧；持球球员再将球传给离他近的左侧球员，并跑向场地左侧，依此类推，直到完成上篮动作（如图4.21a）。然后上篮的球员和最后一个传球的球员变换角色充当防守球员，快速退回至后场沿协防线站立成防守位置（重叠站位）。余下的3名球员形成三线快攻路线，分散进行快攻反击（如图4.21b）。

训练要点：在练习中要强调攻守转换的速度，因为球员们是在进行比赛场景的模拟。体能在这个练习中显得很重要。这个训练将帮助球员更好地适应快节奏的比赛状态，虽然有趣，但也很消耗体力。如果可能，教练应该站在5打0结束的篮下，帮助球员们分清他们在攻守转换时担当的角色。教练要叫出担任防守角色的球员名字，这样他们就会毫不犹豫地快速回防。

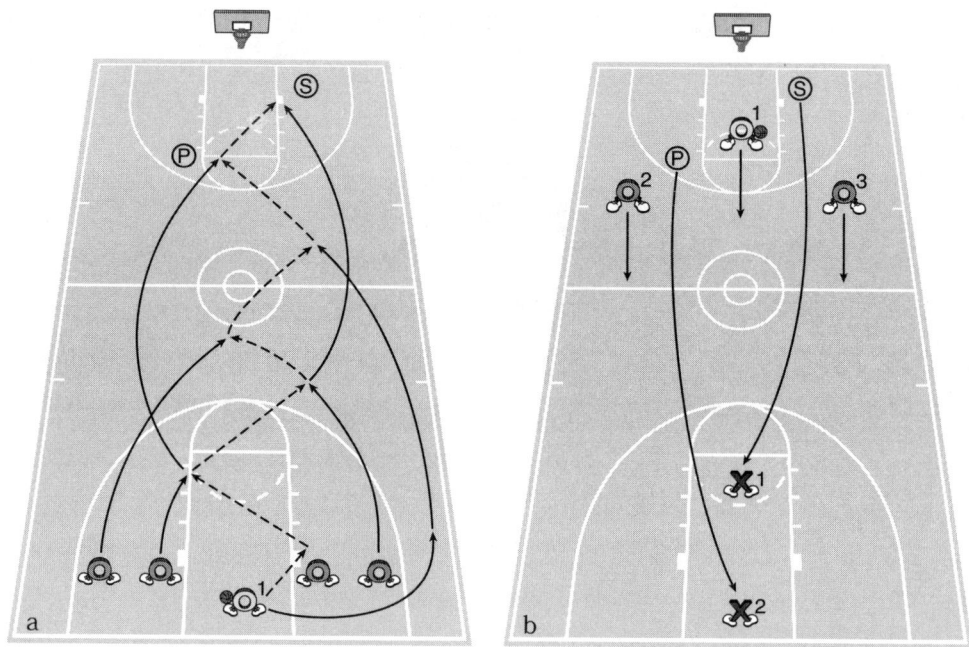

图 4.21 "5 打 0" 转换 "3 打 2"

练习 9 防弱侧切入

中级

器材：球。

目的：帮助球员掌握干扰进攻球员内切的防守方法，以阻止进攻球员在禁区内接球轻松得分。

方法：一名进攻球员在弧顶持球，另一名进攻球员在侧翼。其他的进攻球员在对侧侧翼三分线外排成一列。一名防守球员站在列队的进攻球员前面阻断队首的球员。弧顶和对侧侧翼的球员不设防守球员。（如图 4.22）

图 4.22 防弱侧切入

弧顶球员先将球传给无人防守的侧翼球员。球一传出，防守球员就快速向球移动，并以通视的姿势到达协防线。伸出外侧手臂（靠近球的那只手臂）以阻断给的传球，平伸另一只手臂（靠近切入者的那只手臂）以阻止对手切向篮下。这部分练习主要是让球员掌握正确的防守技术和姿势。当防守球员向球移动至协防线后，教练对球员的位置做出轮换：切入者变成防守球员进行防守，防守球员轮换到无人盯防的侧翼，原来无人盯防的侧翼球员则轮换到弧顶，原来的弧顶球员轮换到切篮球员的队尾。

球员们掌握了练习方法后，就可以进行防弱侧切入的完整练习了。当弧顶球员传球给无人盯防的侧翼球员后，弱侧的进攻球员就开始切入，并试图从防守球员身前接球。这时，防守球员要用横举的手臂顶住进攻球员，并抢占进攻球员的身前位置，以阻断其接球和向篮下切入，迫使其改变切入方向或离开禁区。

　　训练要点：防守球员应该保持较低的身体重心及身体平衡，并将手臂举起。在阻断进攻球员切入时，防守球员与切入球员之间的身体接触是不可避免的。教练要鼓励球员大胆地进行身体接触，但要避免挥摆肘部的动作，因为那样可能会对切入者造成伤害。教练可以告诉球员："把横举的手臂当作一堵墙，而不是打人的武器。"

练习 10　贝壳形防守

🏀🏀🏀 高级

器材：球。

目的：强化训练防守球员随球向协防线移动、张开双臂封堵传球路线、保持通视的防守选位。

方法：4 名防守球员，2 名位于低阻区，2 名位于肘区。这些位置可以看作是防守球员的"大本营"。5 名进攻球员分别在弧顶、两侧翼、两个零度角站立。控球后卫的职责是得球后将球传到对侧场地，因此，在这个训练中，进攻方的控球后卫不能被防守球员阻挡。

球在弧顶时，防守球员在他们的"大本营"位置（如图 4.23a）。球从弧顶传向侧翼时，防守球员应在进攻球员接球前迅速随球的移动而调整自己的防守位置（如图 4.23b）。邻近侧翼接球球员的肘区防守球员应迅速上前实施逼迫封堵防守；强侧的低阻区防守球员要阻断其邻近的、强侧零度角的进攻球员接球，另外 2 名防守球员则要向协防线迅速移动选位形成协防。当侧翼持球球员向强侧零度角的球员传球时，防守球员可以抢断球或伸手将球打掉。一旦强侧零度角的球员接到球，防守强侧零度角的球员就要对其实施逼迫防守，这时防守强侧侧翼的防守球员要阻断往侧翼的回传球，弱侧的防守球员滑步到协防线上进行选位。（如图 4.23c）

刚开始练习时，将球沿着三分线从弧顶传到侧翼、传到零度角，注意不要跳过球员进行大角传球，传球的速度也不要太快，以便给防守球员时间对球做出反应并根据球的位置进行选位。防守球员要明白，每传一次球，他们都必须根据球的位置和自己盯防的球员的位置进行选位调整。球动，防守球员就要动，并且要快速地动。当防守球员随球移动形成整体防守时，进攻球员就会发现突破防守并投篮得分并非易事。防守球员之间应该及时交流，互相提醒该注意什么。

对于初学者来说，进攻球员在接球后可以让球在手上停几秒后再传球，等掌握了练习方法后再逐渐加快传球的速度。球员一旦学会根据球的移动快速做出调整，就可以用大角传球把球传到球场的任何位置，这种传球会增加训练的实战感。防守球员不要刻意去断球或阻止传球，而是要将注意力全力集中在对球的移动做出反应上，并在每次传球时及时调整自己的防守位置。

训练要点： 防守球员在每次传球时都要随球的移动而进行防守选位，对接球的球员进行封堵。所有的防守球员都必须面对球和在弱侧保持通视的防守位置。在传球路线上防守无球进攻球员者要阻断球，其余防守无球进攻球员者则向协防线移动，做到人球兼顾。

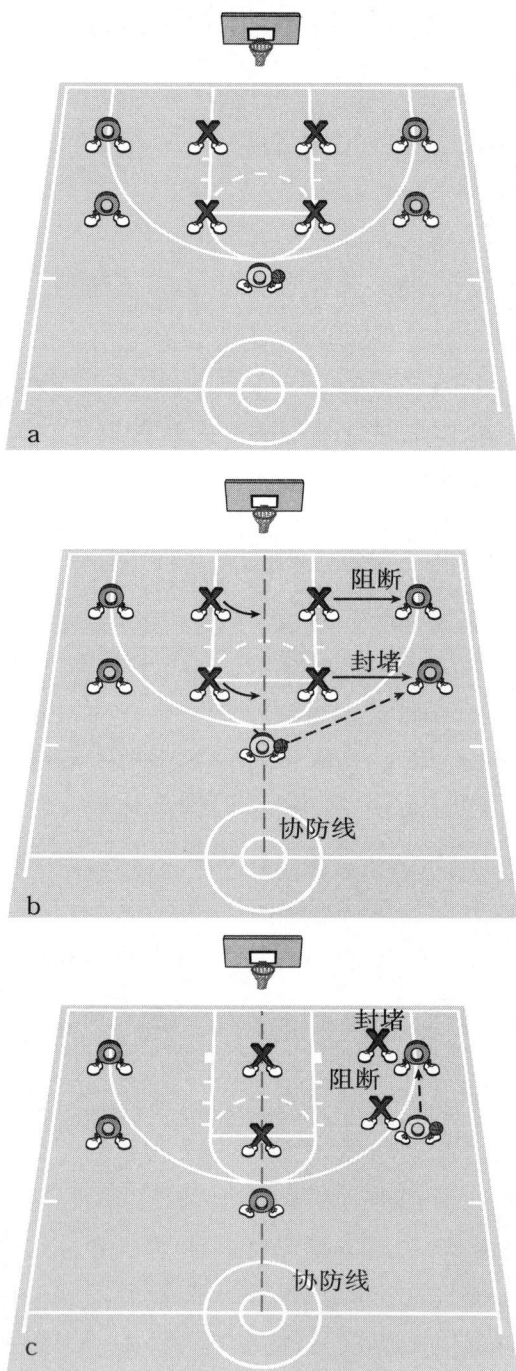

图 4.23 贝壳形防守

🏀🏀🏀 **高级**

贝壳形防守 + 防弱侧切入

方法： 当球从弧顶传到侧翼时，弱侧的侧翼进攻球员试图向强侧的肘区空切，弱侧的零度角球员试图切入强侧的低阻区，协防线上的防守球员必须阻断这 2 名进攻球员的空切。在阻断空切防守中，如果破坏传球、抢断球或迫使空切球员改变移动路线，防守就是成功的。（如图 4.24）

训练要点： 防守球员在阻断空切球员空切时要学会运用身体接触，既能看到球又能阻断传球。这就要求防守球员保持身体平衡并保持正确的身体姿势，背对篮筐，降低重心以缓冲身体接触带来的冲击，并且离球近的手臂要张开，拇指向下，进入传球路线。

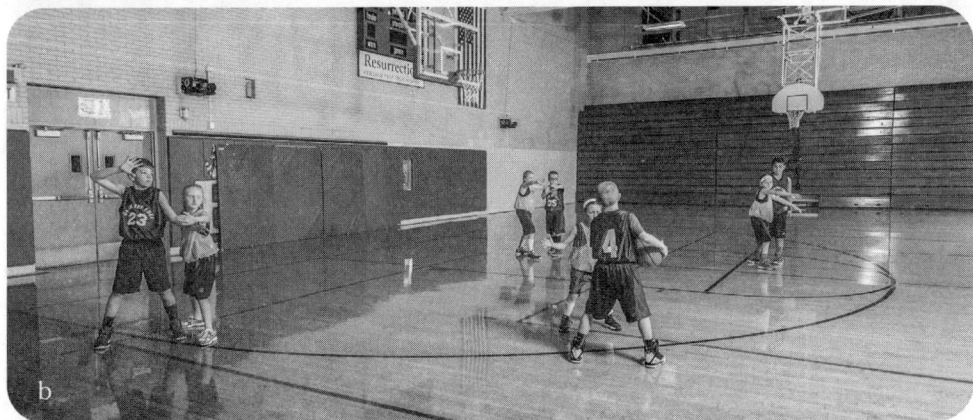

图 4.24 贝壳形防守 + 防弱侧切入

教练手记

✔ 球员的求胜欲望、不懈拼搏、体力充沛胜过球员具备的防守天赋。

✔ 防守球员的动作力度可以大，但要有限度。

✔ 快速的步法（而不是伸手）是出色防守的基础。

✔ 协防球员要处在通视的位置。

✔ 盯人防守时，用侧滑步和撤步以保持在球前。

✔ 用封堵战术防守刚刚接到球的进攻球员。

✔ 防守球员应根据每次传球进行选位。

✔ 背身贴紧进攻球员是抢篮板球卡位的关键。

✔ 阻断切入者时要平伸前臂。

✔ 篮下防守要求防守球员阻断球并与对手有身体接触。

第五章

不可错过的进攻宝典

当你把 5 名充满活力而又缺乏经验的青少儿球员放到场上时，你很有可能看到下面这一幕：1 名球员持球，运球一段距离后停了下来，其他 4 名球员挥舞着手臂叫着持球队员的名字上蹿下跳。他们的意图很明显："给我球，我会投篮得分。"

你最初看到这样的场景会觉得很有意思。但你的微笑会被愁眉紧锁代替，然后是怒不可遏，因为这不是发起进攻的方式，更不可能得分。从防守的角度看，这样的进攻简直就是一份厚礼。叽叽喳喳的球员是最容易防守的，防守球员什么都不用做，只要站在他身旁就可以了。对于篮球初学者来说，从第一堂训练课起就要学习处理球的方法。持球队员可以运球、传球，也可以投篮。各种选择都很好，具体怎样做还要花时间学习。

场上有 5 名进攻球员，但篮球只有 1 个。4 名渴望进球的无球队员该怎么办？对于这些希望之星来说，最艰难的事情之一就是学会在不运球、不传球或不投篮时做什么。手中无球时，他们应当怎样为进攻做贡献？他们的第一直觉是不管用什么方式一定要拿到球，通常包括各种形式的要球、上窜下跳、拍手、喊名字等。不管怎样，只要有球的队友给他传球就好。

　　对于教练来说，仅仅理解这些青少儿投篮手的思维方式是不够的，还要让场上的每名球员都意识到自己在进攻中扮演的重要角色，不管他们有球还是无球。把 5 个叽叽喳喳说个不停的孩子调教成一个进攻组合不是没有可能，但这需要时间。在接受实战检验最初几场比赛中，你教的那些进攻战术很有可能被孩子们搞得一团糟。几节比赛下来，他们忘了你所说的一切，又开始大喊大叫地找有球队员要球，尤其在有防守压力之下。当教练在比赛暂停或下次训练中模仿他们的场上动作时，他们也觉得很可笑。

　　他们会大笑，但随即会明白教练的意思：大呼小叫、上窜下跳地要球不是进攻应有的样子。一旦他们开始用本章介绍的简单而实用的方法进攻得分，那些可笑的做法也就成了历史。他们一旦掌握了传切补位的基本动作，就有了实现教练制订的进攻战术的基础，无论这个战术方案有多么复杂，都有可能实现。

　　现在，让我们发起进攻吧！

基本进攻技能的应用

　　不管具体细节有多么不同，所有的进攻方法都具备几个共同的特点。教练要在训练和比赛期间提醒球员们把握这些特点。一旦球员掌握了进攻技能，那么球队的进攻将势不可当。

　　· 球员间的距离。进攻球员彼此之间必须保持足够的距离，这样会使防守变得相当困难，因为足够的空间迫使防守球员不得不做出防守谁的决策。青少儿球员们有时会扎堆，因为他们很难精准有力地把球传到 10 ～ 12 英尺（3.05 ～ 3.66 米）甚至更远的地方，但如果防守球员拉开了空当，他们就会从中受益，因为这样他们会有更多通向篮下的通道。注意，在某些情况下，进攻球员必须彼此接近（如挡拆时）。但大多数情况下，如果你要求球员们不像忙碌的蜜蜂围着蜂巢一样聚集在一起，球队的进攻会更出色。

• **无球跑位**。 对于青少儿球员来说，最难学会的事情之一就是在无球的情况下参与进攻。无论什么时候，只能有 1 名球员有球。那么，其他 4 名球员除了向看台上的朋友们挥手，还应该做什么呢？不能站在那里等球，而要主动创造机会！无球队员是进攻中最重要的角色，因为他们可以创造得分的机会，如挡拆、空切、准备抢篮板等。他们有一个巨大的优势，那就是许多防守球员总是把注意力集中在控球球员的身上，对他们的盯防往往会放松。

• **球的转移**。生活中有些孩子不喜欢分享，有一些孩子则不好意思找别人要东西，篮球场可是打破这两种习惯的好地方。懂得分享控球权的球员最终会分享更多的胜利，因为他们觉得自己参与了进攻。一般来说，进攻要少运球，多传球。回传球是转移球一个非常有效的方式，即让球员将球从球场的一侧传到另一侧，然后再传回来，使对手的防线一直发生变动，从而形成漏防和空当，从而有机会将球传至篮下。一些球员可能喜欢把球只传给他们的朋友或技术出色的队友，教练应制止这样的事情发生。错过或忽略一个有空当的队友并非优秀球队进攻的方式。教练应该表扬那些乐于与队友分享控球权的球员，拍拍他们的背以示赞许。

• **耐心**。如果一支球队的球员满场飞奔并一个接一个地投篮，他们其实是帮了对手一个大忙。并非所有的人都有耐心，但任何一支想击垮对手的优秀球队必须要有这个意识。有的时候，率先投篮并非是最好的时机；有的时候，只要稍加努力，投篮良机就出现了。球队只要贯彻"善于传球，并利用好球场的两个边路"这个理念，得分的机会总会出现。同时，进攻球队富有耐心的进攻会使对手疲惫不堪。防守时保持耐心也会使球队得到好处，会使球队喘口气并重新充满活力，当他们全力防守的时候，对手只能劳而无功。

• **无私**。 最优秀的球员往往是最好的队友，他们在球场上的无私表现也会带动其他队员变得积极，这可不是说要包揽全场得分或者在多数时间内控球就行。无私是非常难学会的，但如果教练一直强调 5 名球员为了一个共同目标，齐心协力就可以击败任何一支明星球队，时间长了，球员就能学会。

球员的篮球天分是不一样的，教练的工作就是发现每个人的优势并在全队中突出强调。告诉每名球员都能用自己的能力让球队（而不是个人）发光，有时是投篮得分，有时则是为队友传出一记好球或者为队友挡拆掩护。强调这个理念的一种方式就是强调成绩的取得是球队共同拼搏而不是个人努力的结果：某位球员上场后，球队的整体表现如何，是更好了还是更糟了？如果球队的得分由一人包揽但却输掉了比赛，这又有什么意义呢？

相反，一名球员可以在全场不得分的情况下对比赛结果产生巨大的积极影响。怎样才能做到这一点呢？那就是积极抢断、巧妙传球、抢脱手球，以及顽强防守、挡拆掩护并全场拼杀。在比赛中为队友大声欢呼，为刚刚失误的队友说好话，不管比分如何都给队友打气，所有这些球员的态度都能改变比赛结果。教练每个赛季都要把球员这方面的变化记录在档案里。

• **沟通交流**。小球员们喜欢说话，但有时不合时宜。他们常常会在教练发表激情洋溢的赛前动员时很开心地讨论第二天学校的午餐食谱。而在比赛开始后，他们又默不作声了。时机很重要，篮球和生活中的很多事情都是这样，该说的时候就要说，该听的时候就要听。在比赛中，球员们要通过口头语言和身体语言进行交流。他们可以叫停比赛，可以挥手示意队友做挡拆配合，也可以提醒队友提防对手的挡拆，成功切到篮下的球员应当伸出双手向队友发出信号，告诉控球后卫给他传球。球员们要交流的信息远远多于口头表达。他们要观察整个场上的形势，并对队友在哪、在做什么了然于胸。教练要鼓励球员抬头切入、跑位、运球等，这样他们就可以用眼神与队友交流了。让球员们把那些关于午餐菜单的对话放到一边，关注眼前的比赛，他们要交流的还有很多。

• **球商**。天赋不是万能的，赛场上的顽强拼搏、积极思考可以弥补身体能力的不足。让那些熟悉比赛、了解比赛并能贯彻教练意图的球员上场是很重要的。如果场上的4名球员懂得组织进攻而第5名球员做不到，进攻的节奏就会被打破，投篮得分也会变得异常艰难。教练要教育球员在比赛中保持清醒的头脑，场下的替补球员要观察、判断场上的形势，做好随时上场比赛的准备。

　　有些球员分不清聪明与自作聪明的区别，教练们显然对这两种情形并不陌生。不过，孩子们的长处就在于，他们可以在短时间内吸纳大量的新信息，教练只要告诉他们在场上积极思考就能大大影响比赛结果就行了。如果他们理解不了，你就鼓励他们提出疑问，提问也是一种积极的学习态度。

　　你还需要一个编号系统以识别进攻中的球员，这会使比赛方案的制订变得更加容易，也会使球员对自己与队友在场上的位置有更好的辨识。后卫编号通常为 1（控球后卫）和 2（得分后卫），前锋编号通常为 3（小前锋）和 4（大前锋），中锋编号是 5。在球队发起进攻时，这些号码会随着球员的跑动而不断交叉变换，后卫会发现自己沉下了底，前锋和中锋也会发现自己正处于后卫的位置。

　　• **信心**。在球员执行战术不力导致失误或盲目投篮时，教练说的每句话和肢体语言都会影响球员。有些教练会咆哮，有些教练则不以为然，还有一些教练会用"奥利奥夹心饼干"的方法，即在前后积极评价的中间夹带批评的观点。记住，当教练打击球员时，球员将无法发挥出他的运动潜力。教练不要忽略训练要点，但也要强调更多的积极方面来赢得球员信任并帮他们树立信心。自信孕育成功，教练要不断地向球员灌输这点。

传切轮位

　　传切轮位是任何进攻行动的基础，也可用于人盯人防守或区域联防。支撑这一技术原则将适用于球队其他任何形式的进攻。传切轮位也是最简单易学的进攻方式，5 名球员都要参与其中，每个人都在移动，没人会觉得无聊。

让 3 名球员在外围、2 名球员在内线站好（三二落位），让他们想象一下自己在比赛时的场上位置，并留意空间大小。控球后卫（1 号）和 2 名边锋（2 号和 3 号）应该在外围，2 名前锋或中锋（4 号或 5 号）在低阻区（如图 5.1），1 号、2 号、3 号先开始进攻训练，4 号和 5 号后加入。

图 5.1　三二落位的进攻组合

发起进攻时，控球后卫（1 号）将球传给侧翼球员（2 号），然后从邻近的肘区切向篮下。另一名侧翼球员（3 号）迅速轮转补到 1 号球员离开的位置。在移动的过程中，3 号侧翼球员应先切入篮下，做"V"字形摆脱后向弧顶位置跑动轮位。1 号球员空切至篮下时要做好接侧翼球员回传球的准备，然后看着球侧身跑向边路，补上 3 号球员的空位以保持"三外"的组合。（如图 5.2）

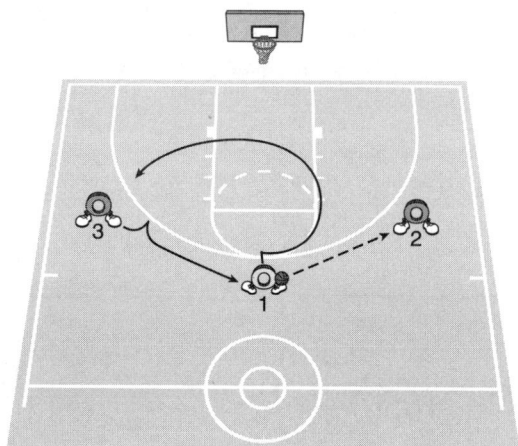

图 5.2　球传到侧翼时，1 号控球后卫和 3 号侧翼球员的轮位移动路线

这种组合也可以从 1 号后卫运球到侧翼开始发动（如图 5.3）。2 号球员要做一个浅切，还是由控球后卫控球。侧翼的 2 号球员与控球后卫交换位置时，先反向摆脱，再浅切轮位至弧顶。这样的轮位将给控球后卫创造出运球进入的位置和组织的空间。

在球员理解了"三外线"轮位之后，低阻区 4 号、5 号球员再加入进行组合训练。当球从弧顶的 1 号球员传向侧翼的 2 号球员时，有球一侧的 4 号球员向零度角拉出（如图 5.4）。如前所述，弧顶球员在传球后向篮下空切寻找接回传球的机会，3 号球员向弧顶移动。1 号球员空切时如果没有接到传球，就轮位到弱侧侧翼的位置，原来在弱侧的 3 号侧翼球员则补到弧顶位置。

图 5.3　控球后卫带球到侧翼，侧翼球员做浅　　图 5.4　球传向侧翼时，后卫与弱侧前锋的轮位
切动作后轮位到弧顶位置

　　2 号侧翼球员将球传给位于零度角的 4 号球员后向篮下空切，如果没有机会接球则跑向弱侧侧翼（如图 5.5），在 1 号球员跑向弧顶时及时补位。外线球员就是不停地传球、空切、轮转补位，这样就可以保持持续顺畅的进攻，直到有机会投篮命中。当球从侧翼回传至弧顶时，只是为了将球传向另一侧翼，不涉及空切跑位或位置轮换。

　　当球传至侧翼时，强侧的 4 号前锋补到零度角，这个动作可以为空切的球员拉开禁区内的空当；2 号球员补位到弱侧的侧翼后，弱侧低阻区的 5 号球员快速从低阻区向禁区中间位置或协防线上插抢位（如图 5.6），这个动作必须要快，否则就会造成三秒违例。这时可以选择的机会就多了，球可以传给位于强侧零度角的 4 号球员，侧翼的 3 号后卫球员可以再次切到篮下（传切上篮）。

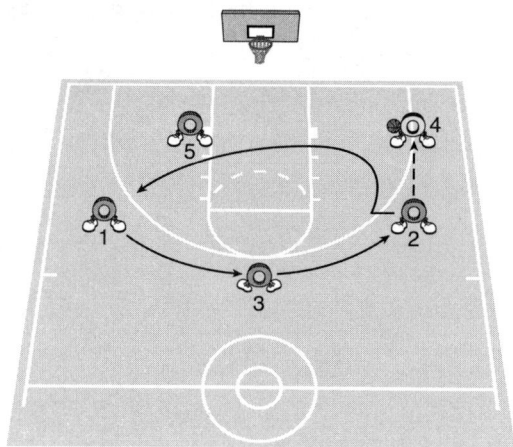

图 5.5 将球传向零度角后，侧翼的球员切向篮下

图 5.6 弱侧中锋快速插入禁区准备接球

⚐⚐⚐ 高级

"马蹄形"落位进攻阵型

方法： "马蹄形"落位进攻阵型即 5 名进攻球员沿三分线进行落位，与三二落位阵型的传切轮位遵循同样的原则。如果你的队员个头小、速度快，而且没有明显的内线优势，采取这个战术是非常有效的。即使你的球员个头较高，这个战术也能很好地发挥作用，因为它推崇球的转移和轮转空切。这个战术对区域防守和人盯人防守也同样有效（对人盯人防守更加有效），因为它能拓展防守区域并打开禁区内传切上篮的通路。

5 名进攻球员在三分线外站好，他们分别是弧顶球员 1 号、侧翼球员 2 号和 3 号、零度角球员 4 号和 5 号。弧顶球员将球传向侧翼，然后切向篮下准备接回传球在篮下近投或上篮。假设球传到右侧翼，三分线上的所有球员都逆时针向右侧同伴的位置轮转，在邻近球的右侧翼及时补位。也就是说，如果 1 号球员将球传给右侧翼的 2 号球员，那么弱侧的 3 号球员和 4 号球员就要向右递补一个位置，从而离球更近。如果 1

号球员空切时没有接到回传球，就要从篮下切过，然后跑向弱侧三分线外（4 号球员在弱侧零度角留下的空当）。如果 2 号球员将球传给左侧的 3 号球员（从左侧翼轮转到弧顶的球员）后切向篮下，这时 5 号球员要从弱侧的零度角向左移动，填补 2 号球员留下的空当。如果 2 号球员空切时没有接到传球，就要从篮下切过，然后补到弱侧三分线外 5 号球员留下的空当。继续以这样的方式组织进攻（传、切、轮转换位）直到有机会投篮命中。（如图 5.7）

　　如果切入者不慎切到队友已经补位的地方，他可以利用后掩护让队友切入篮下并补到三分线上新空出的位置。

　　球员们要通过观察防守球员的位置来选择空切的路线。如果防守球员是正面防守，空切球员应选择防守球员近球侧的肩外切过，卡在防守球员与球之间，就有机会接球，这是上线空切。如果防守球员阻断传球路线、抢前错位防守而且防区越过三分线，切入者应该选择从他身后切入篮下（背后切入）。抢前错位紧逼的进攻球员在三分线外被防守球员阻断传球路线，不要躲着防守而要试图再向外拉开，或直接向篮下背切，这会不断激发球员进攻的斗志。

　　如果一名进攻球员运球突破攻篮，三分线上的其他球员也应沿着突破方向轮转移动。当 1 号球员用右手运球突破攻篮时，强侧零度角的 5 号球员要切入篮下准备接球，同时，强侧侧翼的 2 号球员要补到 5 号球员空出的零度角位置并做好在外线接 1 号球员传球的准备，这样突破攻篮的 1 号球员就可以有 2 个直接的传球选择。同时，弱侧的 3 号球员和 4 号球员向右补到 1 号球员和 2 号球员留出的空位，这又为进攻提供了另外 2 种传球选择。

图 5.7 "马蹄形"落位进攻阵型

　　训练要点：进攻球员要观察防守球员的一举一动并及时做出反应。如果持球球员选择从右路发动进攻，所有球员的潜意识和跑位就都会被带向右路；如果持球球员改变方向，三分线上的其他球员也会改变方向。一个动作只能引起一个反应，每次传球之后也只能进行一次向篮下切入的动作。如果防守球员越过三分线试图切断传球进行抢前错位防守时，进攻球员要采取背后切入的方式攻至篮下。三分线上的球员要不断地轮转以填补切入者留下的空位。如果切入者试图进入已被队友填补的位置，他就可以为队友做一个后掩护。

进攻区域联防

球队常常用区域联防的战术使本队的防区靠近篮下并阻止对手上篮。区域联防比盯人防守更容易教，因为球员只要守好自己防守的区域就可以了，而不须像盯人防守时要追着对手跑。区域联防可以克服队内速度慢、盯人盯不好的球员的不足，对于防守那些只靠一两名强壮球员攻篮的进攻尤其有效。区域联防还可以破坏进攻球员突破至篮下的攻篮机会，能够挫伤一支年轻队伍的进攻锐气并迫使他们在投篮范围外远投。遇到这种情况将会是一个非常尴尬的场面。为了避免 78 投 0 中的悲剧，教练要努力使自己和球员保持冷静，并用 3 个策略来进攻区域联防。

1. 要有耐心。面对对手的区域联防，球员缺乏耐心会导致投篮失误。大多数孩子对于任何事都等不及，更不用说在比赛中像投篮这样有意思的事儿了。因此，教孩子耐心对付对手的区域联防需要大量的练习，还要教他们有耐心，要让球员们明白在每次进入半场落位后，只有经过多次传球和轮转才能突破对手的密集防守而成功投篮。记住，青少儿篮球比赛没有投篮的时间限制，所以一支球队的控球时间也没有限制。

教练可以在场边及时提醒球员，帮助他们在进攻时保持正确的心态，如"慢下来""耐心点儿""大孩子可靠""急什么"。除非在一场势均力敌的比赛中时间所剩无几，并且球队急于追赶比分，否则一定要提醒球员保持耐心。球员们也要意识到比赛场上的跑动不是单纯地赛跑。保持耐心须要在实践中不断练习，它将使球员认识到：要想在进攻时攻破对手的区域联防，传球和耐心地寻找投篮时机是明智的，也是必须的。

2. 攻击薄弱区域。当联防区域发生移动时，防守球员之间的距离会拉大，这就意味着对方的防守存在薄弱环节。进攻球员应该进入薄弱区域接球或投篮，也可以通过薄弱区域切入篮下。2 名防守球员可能会分开行动以阻止进攻球员突破，这就给了无人防守的进攻球员一个接球的机会。

3. 不断转移球。区域联防对于防守那些在进攻时不怎么使用球场两个侧翼的球队比较有效。教练要教队员如何把球从一边侧翼传到另一边侧翼并且能够来回倒上几次球，这样可以不断地拉开区域联防的范围。球队来回倒球的次数越多，对方的防守区域就会被扯得越大。在练习中，你可以让孩子们在每次进攻时都要至少倒 3 次球。

为了更好地实施进攻区域联防的策略，训练时可以模拟进攻方不同防守阵容进行区域联防的场景，当然，这要取决于前场有多少防守球员。

◎ 3-2 进攻阵型

如果防守方采取 2-1-2 或 2-3 的防守阵型，进攻球队可以采用 3-2 进攻阵型，即 3 名后卫的进攻组合（如图 5.8），包括 1 名控球后卫（1 号）和 2 名边后卫（2 号球员在右侧翼，4 号球员在左侧翼）。5 号球员在与 2 号球员同侧的低位，3 号球员在另一侧的底角，与 4 号球员同侧。

控球后卫（1 号）传完球后不空切，而是不断地在弧顶区域移动，这样他就可以将球传向一侧侧翼，再把球从一侧侧翼传到另一侧侧翼。2 名侧翼球员、1 名前锋球员、1 名中锋球员就可以一起创造跑位和得分机会。如图 5.9 所示，

图 5.8 3 名后卫的进攻组合

1 号球员传球给侧翼的 4 号球员，4 号球员传球给底角的 3 号球员后向篮下切入，并轮转到弱侧侧翼。4 号球员切入篮下后，5 号球员和 2 号球员向球的方向切进，伺机找到对手防区的薄弱环节。他们应该张开手，随时准备接 3 号球员的传球。2 号球员沿罚球线切至对侧侧翼，补上 4 号球员留下的空当。5 号球员从弱侧低阻区向强侧低阻区移动，寻求机会接队友的传球。1 号球员向强侧的三分线外的空当移动，以防 3 号球员被紧逼

而找不到处于空当的切入者。一旦弱侧侧翼的 2 号球员切向强侧，1 号球员就迅速回到弧顶。

　　这个战术的理念是从弱侧寻找进攻机会。当球传给底角的 3 号球员时，弱侧的 5 号球员和 2 号球员利用防守球员将注意力集中在球上的时机寻找防区的漏洞，通过内切和横切要位接队友传球并转化为得分。这时弱侧的肘区尤其薄弱，也为弱侧的大角传球提供了得分机会。如果空切移动的球员都没有机会，可以通过快速地转换球为底角的 3 号球员创造投篮的机会。如果把球传给内线球员、侧翼球员或控球后卫后，3 号球员应该沿端线向对侧底角移动，与此同时，其余队员将球轮转传到 3 号球员所在位置的同侧。

图 5.9　3 名后卫进攻组合的球员跑位

　　具体实施时，3 号球员在传球给弱侧的空切球员（2 号球员或 5 号球员）后，沿端线方向跑到与 4 号球员同侧的底角（如图 5.10）。从 3 号球员手中接过传球的球员（通常是 2 号）将球传给 1 号球员，1 号球员快速运球后将球传给 4 号球员，4 号球员再将球传给 3 号球员。如果 3 号球员还没有机会投篮，那就再重新组织进攻。

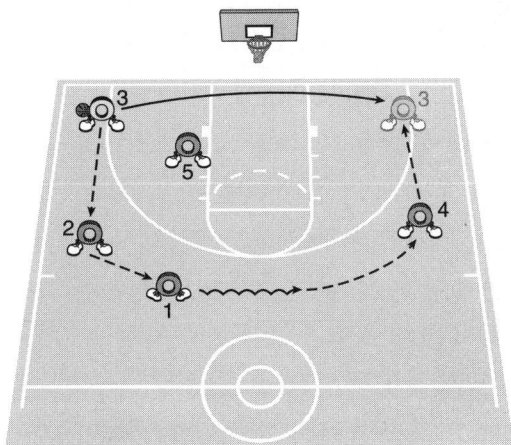

图 5.10　通过倒球发起的弱侧进攻

◎ 2-3 进攻阵型

如果对手采取 1-3-1 防守阵型或 1-2-2 防守阵型，进攻方就要采取 2-3 进攻阵型：双后卫（1 号和 2 号）、双内线球员（4 号和 5 号）及 1 名接应球员（3 号）的打法（如图5.11）。1 号球员和 5 号球员在同一侧落位，2 号球员和 4 号球员在另一侧落位，3 号球员在强侧的底角。

图 5.11 2-3 进攻阵型

1 号球员要观察位于底角的 3 号球员、低阻区的 5 号球员、正从弱侧低阻区移动到强侧肘区的 4 号球员。如果 3 号球员接到传球（如图 5.12），可以根据场上形势将球择机传给 5 号球员或 4 号球员。强侧低阻区的 5 号球员可以通过挡拆掩护 3 号球员投篮。1 号球员留在罚球线附近准备接 3 号球员或 4 号球员、5 号球员的回传球。3 号球员传球给 5 号球员、4 号球员或 1 号球员后，沿端线跑向对侧底角（如图 5.13）。如果此刻 1 号球员接到了回传球，就可以将球传给对侧的 2 号球员（这种传球被称为反转传球，因为它使场上的强侧和弱侧发生了改变）

图 5.12 1 号球员传给底角的 3 号球员，5 号球员挡拆，4 号球员快速插向罚球线强侧端

（如图 5.14）。然后，2 号球员将球传给位于底角附近的 3 号球员。3 号球员接球后，在 4 号球员从弱侧肘区快速切入强侧低阻区、5 号球员从弱侧低阻区快速插向强侧肘区时伺机投篮。如果 3 号球员仍没有机会投篮，则开始重新组织新一轮的进攻。

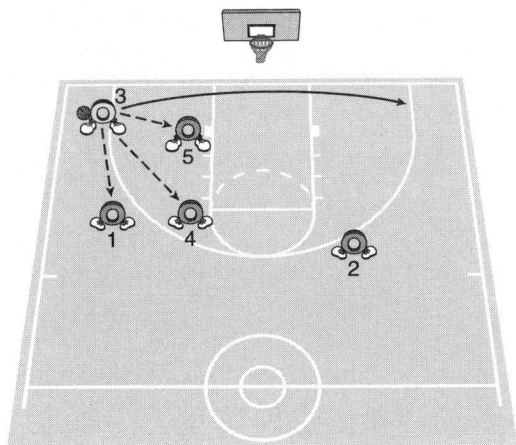

图 5.13　3 号球员传球后沿端线跑向对侧底角

在进攻区域联防时，传球球员和空切球员有多种机会进行选择，教练要鼓励球员临场发挥，不要让球员像机器人一样一遍遍地重复动作。球员们不应忽略比赛的最终目标——把球送进篮筐，应该寻找空当及得分机会，而且在适应比赛节奏后就应该即兴发挥。进攻区域联防在一开始会显得混乱，但随着时间的推移，球员们会进行有目的的移动，进攻也会慢慢成型。

图 5.14　1 号球员反转传球给 2 号球员，2 号球员再将球传给 3 号球员

进攻盯人防守

进攻盯人防守不同于进攻区域联防。在进攻盯人防守时，进攻球员将面对快节奏、高强度、有威胁的防守，至少在某些时间确实如此。对方采取盯人防守战术时，本队的得分机会要比区域联防时多很多，但失

误也会更频繁。比赛节奏加快，随之而来的是更多的得分、更多的投篮不中、更多的失误、更多的快攻，以及更多的混战。教练不能因此而放任球员在场上制造这种混乱局面，提醒球员要组织和把控好场上的局面。

发现空当和跑位虽然仍是进攻方成功的关键，但通过挡拆破坏对方的盯人防守也是重要的环节。在防守球员体侧（外侧）而不是背后发动挡拆将成为有效进攻的关键，因为外侧挡拆能够使传球球员与掩护球员向篮下空切时形成清晰的传球通道。

◎ 2-1-2 进攻阵型

进攻方球员应对任何防守时都要尽量拉开全场的空间（在防守球员之间制造空当），对付盯人防守更是如此。不过，作为教练，你要让球员尽量在他们能把球投进篮筐的有效范围内拉开全场的空间。但是，如果你的球队只有一两名球员可以在 12 ~ 15 英尺（3.66 ~ 4.57 米）远的地方投篮，那么你让球员之间都保持这样的距离是毫无意义的。球员在训练中经常会出现离篮筐太远而抱着球跑的情况，这在比赛中就会导致走步违例。所以，你要要求球员不断调整距离、随机应变。

球员虽然要尽力拉开对方的防线，但也要注意缩短传球队员和接球队员之间的距离。传球队员不能抱着球在跑动中传球，但接球队员却可以通过在移动中接球来缩短相互之间的距离，所以，你要鼓励球员多跑动、多传球。缩短传球距离可以明显减少球员们的失误。

2-1-2 进攻阵型的另一个潜在风险是接球球员切入的能力差或根本不会，这就会出现球员只是喊"我在这里，我在这里"，而忽略防守球员正在不超过 2 英尺（0.61 米）远的地方随时准备抢断的情况。接球球员要通过"V"字形切入摆脱防守后接球：先向篮下空切迫使防守球员退后，再回到初始位置接队友的传球。传球时机非常关键。教练要鼓励接球球员在回到初始位置接球时要伸手向传球球员示意自己的位置，传球球员在接球球员回到初始位置的瞬间将球传出，等他完成摆脱动作又成为固定目标时再传球就晚了。

在此基础上，用2-1-2进攻阵型对付盯人防守就会非常有效。这是一个简单的只进行1次掩护配合的进攻战术，也可以作为分解式进攻战术或进攻组合战术使用。

4名球员落位成方形（如图5.15）。1号球员和3号球员在同一侧，1号球员在右侧后卫位置，3号球员在右侧翼；2号球员和4号球员在另一侧，2号球员在左侧后卫位置，4号球员在左侧翼。5号球员则在罚球线靠近三分线的位置，担负着为队友做"墙"进行掩护的责任。其他4名球员按顺时针方向或逆时针方向移动换位。进攻从右侧后卫位置的1号球员将球传给侧翼的3号球员开始，1号球员传球后切向篮下。2号球员从对侧后卫位置切向罚球线外的5号球员的位置。利用5号球员做"墙"进行掩护，根据防守球员对掩护的反应可以有3种选择。

图 5.15 2-1-2 进攻阵型

第一选择：切向强侧弧顶外侧（如果防守球员被挡在5号球员身后），4号球员则切到边路后卫2号的位置，1号球员切向弱侧侧翼填补4号球员的空当，3号球员接球后可以选择将球传给空切的1号球员或虚切至弧顶外侧的2号球员。（如图5.16）

第二选择：如果防守2号的球员在5号球员做"墙"掩护时紧盯2号球员，那么防守

图 5.16 第一选择

5号的球员就会被5号球员挡在身前，这时，2号球员则要加速从5号球员身前向强侧篮下切入。（如图5.17）

第三选择：当5号球员做"墙"给2号球员做掩护时，防守2号球员如果提前阻断2号球员向强侧篮下切入的路线，这时2号球员可以直接向篮下背向切入。（如图5.18）

图5.17 第二选择

为了便于球员训练和掌握战术，可以循序渐进练习，先进行第一选择的练习，待球员们熟悉了战术移动的位置和方式、适应了基本的进攻模式后，再练习第二选择和第三选择。

需要强调的是，2-1-2进攻阵型是为了在比赛初期创造得分机会而设计的，通过拉大全场的空间而在对方防线上创造更多的空间。每名球员都应吸引一名防守球员。球员在接到传球后应面对篮筐伺机上篮。

图5.18 第三选择

如果没有机会上篮，则继续用传球进攻。注意，球员不能在三秒区内扎堆，1次只能有1名球员切入篮下。

在球员们掌握进攻战术后，教练可以着重强调2名边路后卫的重要性，这样就不会被防守球员轻易预测。4名外线球员的轮换可以顺时针进行，也可以逆时针进行。为了将球传到另一侧，强侧的1号球员应该向对侧运几下球后将球传（避免长传）给2号球员（如图5.19）。如果2号球员被盯紧，无法找到空当接球，就可以向弱侧底角的4号球员的位置移动并为他做反掩护，4 号球员移动到弱侧边路的位置接 1 号球员传球并继续进攻。

训练要点： 在强侧侧翼的球员必须通过"V"字形切入先于防守球员切到篮下，然后切回侧翼接右边路球员的传球。如果防守球员绕前防守不让强侧侧翼的球员接球，强侧侧翼的球员可以通过背切切向篮下接球。弱侧边路的球员必须横插至罚球线弧顶区域，并摆脱防守。侧翼球员从 45°角的位置快速切向对侧边路。

图 5.19　将球传到另一侧时，1 号球员应先运几下球后再传给 2 号球员

球员应该保持好空间距离。进攻球员在罚球线上撕开防线后，1 名边路后卫接强侧侧翼球员传球前，应离掩护者至少 8 英尺（2.44 米）远，应在掩护者移动到边路的同时接球，而不是到达边路后停下来接球。这样既可以防止防守球员协防，也可以防止传球被抢断。

良好的时机和合适的空间可以让进攻进行得更顺利，让切入者在切篮的过程中免于过多的纠缠。

◎ 1-2-2 进攻阵型

1-2-2 进攻阵型（或"开火"阵型）旨在创造一个快速得分的机会。这种打法是为单个球员设计的，一场比赛一般只会用上一两次，但它却能有效地改变场上的比赛节奏。教练不要单独指定一两名球员采取这种打法，队中的每名球员都要有机会在比赛中体验"开火"的机会。对于那些在 1V1 的情况下通常拿不到球的球员来说，这种打法是提高攻击性和快速突至篮下能力的好方法。

进攻开始时，1名球员（1号）在中圈附近持球，2名球员（4号和5号）分别位于阻区，2名球员（2号和3号）分别位于肘区（如图5.20）。1号球员喊"开火"，其他进攻球员同时向边线方向拉开，并尽可能远离篮筐，目的是引开防守他们的球员，为1号球员留出无人协防的进球通道：4号球员和5号球员分别移向底角，2号球员和3号球员移向侧翼（罚球线的延长线），这样，1号球员就可以在1V1的情况下过掉防守他的球员攻篮得分。

这是一个激发个人创造力的机会。教练应该鼓励1号球员利用充分拉开的空间创造性地攻篮而不是用惯用手直线运球突破。比如可以通过变向运球突破，并争取突破到三秒区投篮（最好是上篮）而不是外线投篮。如果1号球员突破被逼停或遇到麻烦，他有以下选择（如图5.21）。

图5.20 1-2-2进攻阵型

（1）如果1名或多名防守球员放弃自己防守的对象并进入三秒区以协防1号球员运球前进，1号球员可以将球传给无人防守的侧翼队友或者底角队友进行外线投篮。

（2）离篮筐最近的底角球员可以切入三秒区并寻求接1号球员的传球。

（3）侧翼球员可以小角切到弧顶位置接1号球员的传球，然后再次发动进攻。

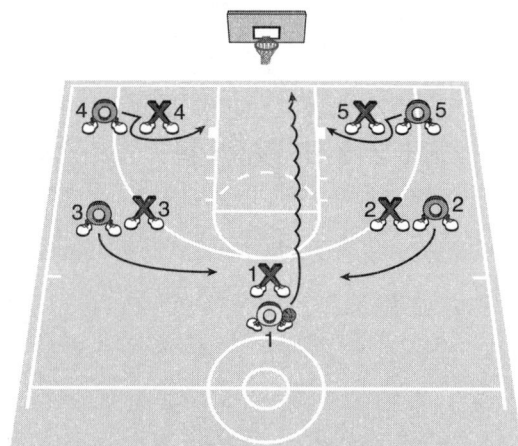

图5.21 1号球员遇到麻烦时重启进攻的方式

失控管理和攻防转换

无论进攻组织得有多好,每次进攻都会遭到破坏或进攻衔接不顺畅,这在青少儿篮球比赛中是很正常的事儿。球员们如何处理比赛中的混乱状态,将是对进攻乃至教练承受能力的持续考验。你要一直告诫自己,这只是一场比赛,从而使情绪平稳下来,哪怕进攻还是那么不尽如人意。

不过,孩子们对此倒是无所谓。如果你的球队的进攻没有章法,你可以想象对方球队正在经历什么。在这一刻,教练能做的最糟糕的事情莫过于大喊大叫,但这只会强化混乱。看台上的人也很可能给出一些善意但听不清的建议。场上的球员当然也会大声喊叫,他们以为这样就可以弄清彼此要表达的意图。所以,你置身其中的篮球馆,就像一间充斥着刺耳声音的汽车工厂。你不可能让球队避免出现这样的情况,但既然发生了,你可以把它们变成教学素材——还记得场上 5 名球员中有 3 人忘记进攻的事儿吗?以后我们怎么办?

最好的办法就是重新组织进攻。由于青少儿篮球没有投篮的时间限制,因此你要让球员知道他们有时间重新调整,要求他们不要着急,也不要有压力去投篮(除非在比赛最后一分钟你跟对手只差一两分)。

如果场上有个机敏的球员负责组织进攻当然很好,但即使最有天赋的球员也很有可能被场上的局面搅得没有办法考虑整个球队的打法。此时你应打破沉默,发出一个简单而响亮的指令:"再来!"球员收到你的指令后就会迅速回到初始位置,重新组织进攻。

有时,一支球队的进攻组织可能要试好几次才能衔接顺畅。通常情况下,会有两三个孩子先明白,其他人会假装明白。记住,混乱的局面对谁都不利,除非对手是由未来的职业球星组成的球队。一支球队要经过几周时间在比赛中反复试错,才能在激烈的比赛中摸索出正确的打法。如果球队在训练中的进攻不错,一旦计分就会方寸大乱,你也不要灰心。在暂停时间或中场休息时,教练可以在白板上复盘比赛,加强每个人的记忆。

如果上述努力都不行,还有一个简单的命令可以让球员们知道他们应该做什么，即传球和空切。你要让球员们记住，篮球是一项团队运动，要求有球的运动和球员的跑位，而不是漫无目的地运球或站在外围不知所措。如果球在动、球员在动，那么不管球队打成什么样，生活总是美好的。

任何进攻都应该随时准备转为防守。攻防转换的关键在于，至少有1名球员在弧顶位置，防止对手抢下篮板球后发动快攻，在无人防守的情况下上篮得分，这就是进攻时球员要进行正确轮换的原因。如果每个进攻战术都能得到正确执行，那么，总会有1名球员处在弧顶位置，随时准备快速回防。

没错，快速回防！要让球队养成快速回防的习惯，越快越好。这可以使他们更快地进入防守位置。在青少儿篮球比赛中，最简单的得分是在无人盯防或2人快攻的情况下毫无压力地（也就是说，进攻方无须再过掉1名防守球员）上篮。不过，即使只有1名防守球员快速回防也能阻止这种情况发生，并给球队带来一个赢得比赛的好机会，至少是咬紧比分的机会。

转攻为守的球员应该养成尽力跑向篮筐的习惯，一旦跑过半场，就可以转身做好防守姿势（背对篮筐，膝关节微屈，双臂张开）。在这里，防守球员要进行2种方式的防守：

（1）先于任何进攻球员冲向要防守的篮筐。

（2）在对方控球球员前面逼停球或至少使球速减慢，以给其他队友争取回防的时间。

教练手记

✔ 拉开对手的防区，迫使防守球员做出防谁的选择。

✔ 无球队员应该空切、掩护、卡位抢篮板球。

✔ 少运球、多传球。

✔ 有耐心，才有好的投篮机会。

✔ 传球第一，投篮第二。

✔ 保持沟通交流（口头语言和肢体语言）以加强团队合作。

✔ 传切轮位是对付任何防守的首选进攻战术。

✔ 耐心和不断地转移球可以突破对手的区域联防。

✔ 2-1-2阵型可以拉开盯人防守的防区。

✔ 如果比赛进行不下去了，重新组织进攻。

第六章

完美的防守组合

　　单个防守关乎欲望。欲望对于喜欢篮球的孩子来说非常自然，但球队的整体防守则要求把欲望与智慧结合起来，而智慧是要培养的。教练需要时间和耐心。

　　防守意味着球员要毫不松懈，也就是说，在防守时，没有一个球员可以袖手旁观，即使他要盯防的球员不再拿球或者对方已经攻到篮下。就像组织良好的进攻一样，防守也需要全体球员共同行动、共担责任。防守可能是教练在执教过程中最难教的一课。从青少儿球员的角度看，阻止对手得分的回报并不像自己进球那样直接、令人满意。教练要通过强调防守的重要性并奖励防守表现好的球员来改变球员的这种心态。

　　在最初的几次训练中，可能没人知道什么是 2-3 联防或者在盯人防守中该防谁。球员可能要经历几场比赛之后才知道什么时候进攻，什么时候防守，该往哪个方向进攻。如果球员抢断对方的球后将球投进了自家篮筐，你也不要大惊小怪。出现这种情况，教练应该只有一种反应——鼓掌，并说"断得好"。教练不要大声斥责球员，要明白抢断就是抢断，球员这样的努力终会造就伟大的防守。

建立防线

教练在开始教球队防守时要循序渐进，不要让孩子们在球周围扎堆，也不要让他们离篮筐太远。你可以在禁区内的协防线上安排一两个人来阻止对方轻松投篮或上篮，要求球员在防守时背对己方篮筐，而不是背对他们要防守的球员或者球，使用滑步到强侧。如果球员在赛季初就能理解这些基础知识，那么球队的进步会很快。你也会成为最有耐心的教练，在比赛进入白热化的时候总会温和地提醒球员："协防线""空当""盯人""看球"。

整体防守就像进攻一样，需要球员在比赛中慢慢磨合。这是教练打造一支真正的球队要走的第一步，也是非常重要的一步。这里再强调一下，教练要有耐心。你要寻找球员在比赛中的每个细小的闪光点，而不是想象中的整体的、严密的防守，那是不可能的。如果这样的情形确实奇迹般地发生了，那么你可以让球员们知道他们做了了不起的事。

学习防守可以先从学习区域联防开始。这个战术适合任何年龄段的球员，而且他们可以很快学会。在这个战术中，球员们要防守球场上的一个特定区域。不管你信不信，对于新手来说，掌控一个区域要比看住一个人简单得多。这是因为盯人防守要求防守球员全场盯紧 1 名进攻球员，同时还要一直看球。这是一个很难学习的战术，即使是经验丰富的后卫也很难学会，更不用说初次经历比赛的青少儿篮球初学者。你会看到很多青少儿防守球员满场追他们的防守对象，而对手已经将球运到了篮下，在他们身后轻松得分。

考虑到盯人防守的难度，新手教练会一直用区域联防。教练千万不要有这样片面的认识。球员理解并实施盯人战术可以提高球队的联防水平，所以，区域联防和盯人防守都很重要。教练在每次训练中都要安排一些盯人防守的练习，而且一定要在每场比赛中至少有半场是使用盯人防守，哪怕球员因此而失去轻松投篮的机会。记住，即使是 NBA 的球星也免不了被人盯防，关键在于让球员理解整体防守的概念。一旦他们这样做了，对手想得分就变得更加困难。防守就成了球队实力的体现。

大多数青少儿篮球联赛不允许防守球员全场紧逼，是因为要让球员们有机会了解比赛。这是好事。全场紧逼可以加快比赛的节奏，加大对抗的强度，但也会相应地加剧场上的混乱程度和恐慌气氛。对于小球员来说，不管他们是紧逼对手还是一直被对手紧逼，他们都很难学会如何正确地比赛。不管怎么说，一支青少儿球队在给对手施压前学会半场防守是非常必要的。本章将对半场防守进行重点讲解。

2-1-2 区域联防

区域联防是一种减缓对手进攻节奏并迫使对方更有耐心的好方法。"耐心"是一个很难与青少儿比赛联系在一起的一个词，因此，你要让球员在区域联防中抓住进攻方的这个特点。当进攻方试图破坏一个 2-1-2 区域联防阵型（如图 6.1）时，突破到篮下会很困难，因为篮下通道已经被防守球员堵死。因此，他们只能进行外线投篮，但这并不是青少儿球员的强项。

区域联防可以弥补个人防守的不足，可以避免能力较弱的球员被对手发现，也可以使速度较慢的球员免于被对方能力突出的控球队员突破。为了使区域联防有效，球员们必须意识到成功防守了自己的区域并不意味着就可以放松了，因为区域联防的"区"不是"分区"的"区"，球员要像人盯人防守那样保持警觉、果断，时刻注意球。

大多数篮球初学者都会把区域联防看作一个机会，以为他们只要适应场上的某个位置并一直待在那里防守就可以

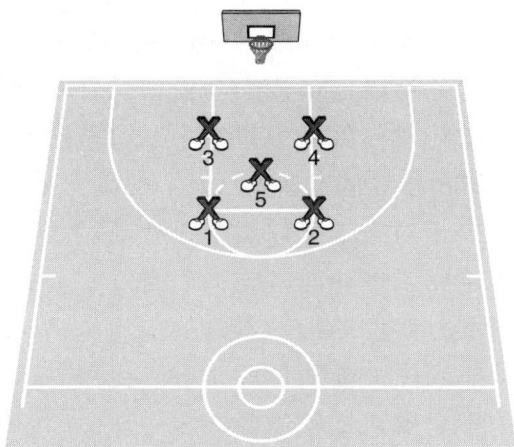

图 6.1 2-1-2 区域联防的站位

了。实际上，好的区域联防是建立在快速有序的移动跑位基础上的，球员们既有各自指定的防守区域，又要随着球的位置而调整自己的防守位置。进攻方每传 1 次球，区域联防的 5 名球员都要根据球的位置调整自己的防守位置，并且要作为一个整体去抢球，否则就有可能为对手开辟进攻通道。就像盯人防守一样，在区域联防中，防守球员必须齐心协力、互相帮助，不给对手进球的机会。

最前面的 2 名后卫必须防住弧顶和两个边路的区域。当球进入前场时，1 名防守后卫要对上球，谁去对位防球并不重要，重要的是 2 名后卫必须做好沟通。球员在开始学习区域防守时，发出简单的口头信号可能是 2 名后卫沟通的有效方式，随着学习的深入，防守球员最终会本能地做出反应，即由离持球队员最近的后卫出来对位防球。

后卫不能越过三分线去防守对方 1 号控球后卫，如果越出弧顶，就来不及回撤并防守对方侧翼的 2 号球员了。另一名后卫应当站在罚球线另一端的肘区位置，防守与他同侧的对方侧翼 3 号球员接队友的传球，同时还应阻止任何进攻球员从他的防区向篮下空切。（如图 6.2）假如对方控球后卫将球传给侧翼的 2 号进攻球员，弧顶的 1 号防守球员必须快速上前进行防守，处于肘区的 2 号防守球员必须移动选位至罚球线中间位置，防守并封堵任何试图向篮下切入的行动，并做好防守对方 1 号球员接球的准备。（如图 6.3）

当对方 2 号球员或 3 号球员接到了传球而本方的后卫没有及时对位的话，本方的前锋就必须先上前对位和防守。目的不是要对 2 号球员或 3 号球

图 6.2 在进行区域联防时，1 名后卫在弧顶防守，不要越过三分线

员采用"关门"或逼迫式防守，而是要使对方 2 号球员或 3 号球员接球后不能马上进攻，从而为本队的后卫争取时间，使他们赶过来防守对方 2

号球员或 3 号球员。

担任防守任务的中锋必须在禁区的中央位置封堵运球到篮下的行动或者封堵任何快速插入禁区并寻求接快传球近距离投篮机会的球员。当强侧的前锋向侧翼移动补防或防守底角时，中锋必须进入低阻区的空当，封堵从外线向低位的传球。弱侧的前锋则补到中锋空出的中间位置。当对方 4 号球员在底角接到传球时，本队同侧的防守前锋要对他采取"关门"防守。（如图 6.4）

训练要点： 防守球员必须随着球的转移向强侧移动选位，应该选择兼顾球和防守区域内的人的位置。在侧翼补防的前锋球员在后卫从弧顶赶来防守之前不能离开补防位置。弱侧的后卫应该在罚球线区域选位以封堵对方任何球员切入篮下，并在球回传弧顶时对位防守弧顶的接球球员。

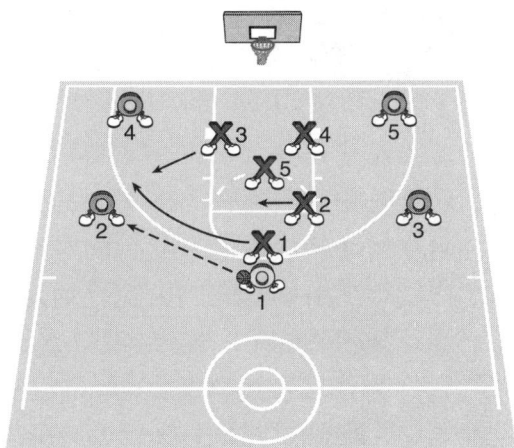

图 6.3 对方向边路传球时，在弧顶防守的控球后卫移向边路防守，另一名后卫移动到协防线，在强侧的前锋移动到边路

图 6.4 对方向底角传球时，本方前锋在底角封堵，中锋移动到低阻区，弱侧前锋移动到禁区中间

盯人防守

盯人防守是任何一支注重防守的球队的基础。这种防守也可以被称作互助型防守，因为在盯人防守的战术中，任何人都不是孤立的。逼停球并阻止对手轻松投篮是每名防守球员的责任，需要所有球员的通力协作才能实现。所有实施盯人防守的球员都要明白，不管球在什么位置，他们都有自己的角色，而且每个人的角色会随着传球而发生变化。

篮球初学者在开始学习防守时，最难学会的事情之一就是不追着持球球员跑；其次难学的是不能只防指定的球员，还要知道球在哪里，即使他们要盯防的球员手里并没有球。他们可以通过协防的方式努力让球停下来，哪怕控球的进攻球员并不是他们要防守的球员。

训练要点：由于篮球初学者有时很难记住自己要防守的球员，教练可以在训练中使用彩色腕带给攻防双方配对来帮助球员加以区分。每名进攻球员佩戴不同颜色的腕带，而每名防守球员则戴上与他要防守的进攻球员相同颜色的腕带。

防守球员应该及时向协防线移动，选择人球兼顾的位置，这将使他们既能看到位于弱侧的盯防球员，也能看到强侧的球，还能占据防止对手突向篮下或上篮的有利位置，这就是所谓的"盯人、盯球、占据最佳的防守位置"。即使是最聪明的防守球员，在开始的时候也会在防守选位时感到困惑。防守球员都喜欢跟紧他们指定的防守对象，这是很自然的事，但如果放弃了协防而一味地跟人，防线很快就会瓦解。这将导致出现"红海效应"，即防守球员为了"防守"而离开禁区，反而敞开了大门让对手轻松得分。

"协防线"应成为教练的口头语。随着球员们越来越熟悉这个概念，在以后的每场比赛中，这样的提醒将会减少。教练要让防守球员明白，一旦球的位置发生变化，他们的位置也要根据指定的防守对象、球以及要防守的篮筐发生改变。

关于盯人防守的另一条核心戒律是在人的近侧、在球的近侧。协防球员应该总是处于帮助队友防守的近侧位置。如果球离篮筐有 15 英尺（4.57 米）

远，但强侧的防守球员离篮筐有 20 英尺（6.10 米）远，这就意味着防守球员在球的远侧，这个位置对于帮助队友防球来说是很糟糕的。

青少儿球员弄清这些概念需要时间，所以你要准备好面对这些错误和混乱。但错误和混乱也为教练提供了教学机会：尽管盯人战术在一定程度上突出了个人能力，但实际上是拓展了更为宽泛的团队观念。没有什么比协防更能体现球员的无私品格和团队价值取向的了。

教练进行盯人防守教学的最好方法是在训练中模拟 5 对 5 的真实比赛，（见第 121 页的贝壳形防守中，4 名防守球员根据球的位置变换各自的位置已经让球员有了初步印象）。将 5 名进攻球员沿三分线外围落位：1 名球员在弧顶（1号），2 名球员在侧翼（2 号和 3 号）和 2 名球员在底角（4 号和 5 号），再对应地安排 5 名防守球员。防守球员根据对手的位置确定自己的防守站位。（如图 6.5）

图 6.5 盯人防守的站位

在练习过程中，教练应将重点放在防守球员在球每次移动时的正确站位、身体姿势上。进攻球员在外线倒球时，防守球员随球移动选位，教练在一旁看他们的位置调整是否合理。防守球员不要干扰或者抢断传球。

如果在弧顶的球员（1 号）持球，弧顶的防守球员要保持正确的防守姿势并进行封堵，侧翼邻近球的球员（防守对方 2 号和 3 号球员）必须进行错位防守，两侧底角的防守球员（4 号和 5 号）要向协防线移动选位保持人球兼顾。如果球在侧翼（2 号）位置，强侧的防侧翼球员采取逼迫封堵防守，强侧的底角球员要错位防守以阻止侧翼球员将球传给 4 号球员，弧顶防守球员也要错位防守以阻止侧翼球员将球回传给 1 号球员；弱侧的侧翼球员和底角球员要滑步协防以通视的选位和姿势面对对方 3 号球员和 5 号球员，（如图 6.6、6.7）保持人球兼顾的防守和选位。

进攻球员会使用掩护配合对付盯人防守，对此，防守球员要做好准备。

防守球员在面对对手的掩护配合时有 3 种选择：挤过、绕过或者换人。在青少儿层次，换人防守不应过于频繁。因为随着球员的成长，球员的体型不匹配会成为换人防守的障碍，特别是当对方进攻球员的外线投篮能力特别突出时，你更不会希望改变队员们的防守配对。

图 6.6　球传到侧翼时，防守球员须基于球的位置调整自己的防守位置和姿势

　　在防守对方的掩护配合时，你还是要鼓励球员利用挤过或绕过进行防守，并盯紧他们要防守的进攻球员，这需要防守球员之间进行有效的沟通。防守对方掩护球员的球员必须大声提醒队友"掩护，左边"，队友就有时间观察或提前采取行动，然后再绕开。另外，给队友发出提醒的球员在队友绕过防守时不要跟在对方掩护球员的身后，而要错开位置，先占据被掩护球员切入篮下的通道，以延误其进攻的时机，为采取绕过防守行动的队友争取时间，同时兼顾自己防守的掩

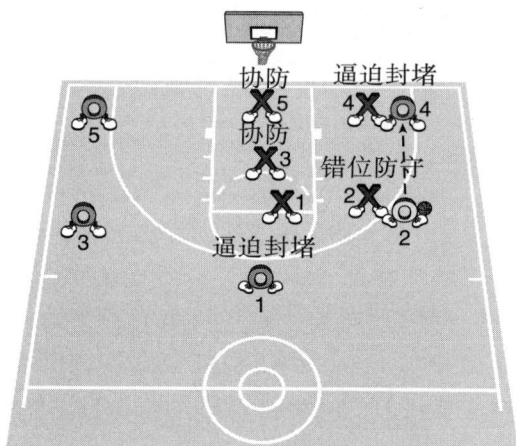

图 6.7　球传到底角时，防守球员须基于球的位置调整自己的位置

护做"墙"球员，这样做也会给采取绕过追防的队友留出绕过的空间，当队友绕过防守后迅速恢复常规的防守姿势（这叫协防复位）。（如图 6.8）

　　防守球员要通过交流来对付对手的掩护配合，因此交流是优秀防守的关键因素。在有些人看来，这应该是很容易教会孩子们的一课，因为孩子们喜欢说话。他们会在训练时、在替补席上、在教练讲话时说个不停，

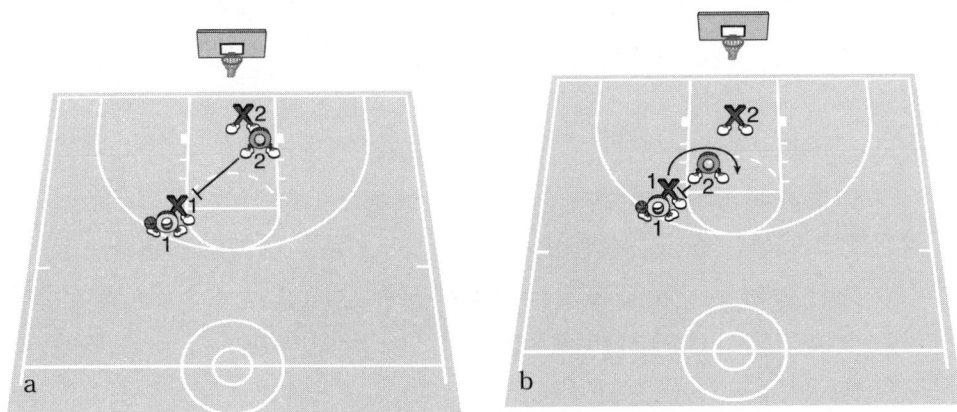

图 6.8　a.2 号进攻球员为 1 号队友挡拆；b. 防守 2 号的球员做"墙"在持球人突破方向上小幅移动，封堵其潜在的攻篮行动并给队友绕过留出空间

一旦上场，他们又突然关上了话匣子。教练要鼓励他们在场上交流。替补上场的球员与被替换下场的球员应该有个简短的交谈，这样他就知道在场上应该防谁。另外，当对手换人时，本队也应相应地做出配对调整。

　　孩子们在比赛时要了解的信息很多，他们一旦开始交流就会很快了解场上的情况。如果他们没有交流，在场上就会无所适从，然后输掉比赛。让孩子们互相询问"你防谁"是一个建立口头交流的首要的也是最快的方式。沟通可以消除混乱，也是出色防守的一个关键因素。

　　如果进攻方采取的是上篮或外线投篮，你要确保孩子们不当旁观者。他们要抢篮板球，而不是眼睁睁地看着对手将球投进篮筐。抢篮板球要求速度快、力量大、时机好、保持平衡，但最重要的是孩子们要知道球在哪里，这样才能夺回控球权。

　　教练应当在脑海里把每名球员在比赛中须要解决的问题列个清单。随着时间的推移，教练可能就没有必要再问这些问题了，因为它们已经被勤奋的球员们解决了。但在赛季初期，球员们应该期待教练提出以下问题。

　　·**你在防谁？** 每名球员都要知道自己要防守的球员的球衣号码。

　　·**你为什么一直追他？** 篮球初学者在开始学习盯人防守时通常要被教练提醒好几次，"要挡在进攻球员前面封堵他们攻篮，如果一直跟在持球球员后面追，只能看着对手上篮得分。"

•**你个头不高，为什么要防守那个大个子？** 球员们要学会根据体型配对防守。有时，对方球队会由一个小个儿球员替换一个高个球员，这时，场上球员就要学会换人盯防了。

•**你要在哪里协防？** 防守球员要注意避免"红海效应"，并至少有一两名弱侧球员一直留在禁区内，以阻止对方突入禁区轻松上篮。

•**为什么对手一次又一次地上篮得分？** 这通常是一个反问句。教练一般都很清楚为什么对方能成功上篮得分，但球员不一定。你要告诉球员这就是盯人防守的代价。

•**为什么没有抢篮板球挡人？** 这里就要说说韧性了。抢篮板球挡人是对手投篮出手后的最后一道防线。球员应找到一名对方球员并挡在他身前，这样就找到了抢篮板的位置。尽管如此，教练还是要时时提醒孩子应该如何做，因为他们有时可能意识不到。在一轮进攻中，防守球员只能给对手一次进攻机会而不能让他们发起多次进攻，因为这将对比赛结果产生影响。

你在给球员纠正错误的时候，纠正的语言要简单明了、易于理解。从上述问题的前 4 个问起，这些问题是为引导球员思考他们在场上的行为而设计的。鼓励孩子们思索这些问题，他们迟早会得出答案，这个时候你就可以让他们自信地使用盯人防守战术了。

◎ 2-2 或 2-2-1 夹击防守阵型

夹击防守阵型结合了盯人防守和区域联防的原则，球员们只有在理解了这两种防守战术的核心之后才能尝试 2-2 或 2-2-1 夹击防守阵型。他们一旦这样做了，就可以破坏对手的进攻，创造抢断球的机会，造成对手失误，并伺机得分。

在进行 2-2 夹击防守阵型教学时，让防守球员位于半场。4 名球员组成一个方形阵型，2 名球员（4 号和 5 号）位于罚球线的两端，2 名球员（1号和 2 号）在半场线上。另外 1 名速度最快的球员（3 号）充当"猎手"，在 4 名球员后面的禁区协防线上。

　　1 号和 2 号两名后卫守住中路，把球逼向边路或协防线的其他位置。当球向右侧进攻时，1 号球员和 4 号球员在强侧逼迫封堵，把持球进攻的球员逼到靠近半场线或端线的一角，以便形成夹击。与此同时，3 号球员快速上前对强侧底角的进攻球员实施错位防守以阻止持球队员的第一次传球。弱侧的防守球员向协防线移动防住禁区，2 号球员要对罚球线强侧邻近球的球员实施错位防守以阻断持球球员回传球，5 号球员则移动到强侧低阻区或到协防线附近保护篮下。这样做的目的是通过对持球球员实施夹击或封堵其运球线路，逼迫对方草率传球，从而使本队顺利抢断。（如图 6.9）

　　如果球横向越过球场使强侧和弱侧发生变化，球员们的角色也要颠倒过来，2 号球员和 5 号球员逼迫封球，1 号球员和 4 号球员在肘区强侧和低阻区强侧防守禁区。3 号球员必须快速出击，阻断对方在强侧底角的首次传球。

　　训练要点：尽量使球远离球场中路。如果进攻方在 4 名防守球员之间安插了 1 名内线球员，4 号球员和 5 号球员必须阻断球传到内线，让球落在 4 名防守球员组成的方形防守区域外。2-2 落位的防守球员要有速度和较好的防守步法，而速度又必须是收放可控的。防守球员应将注意力集中在封堵持球球员的路线而不是球上，目的是对持球球员进行夹击让他无法运球过人。由于大多数进攻球员的惯用手为右手，因此 3 号球员可以通过观察进攻球员的眼神和身体的移动来预判球的走向，也可以做一些防守假动作干扰传球。弱侧的防守球员必须学会观察并做出预判，而不是光看。如果他们晚一步到达指定的防守区域，就会将禁区暴露给对手，进攻方就可以轻松得分。如果半场夹击战术获得成功，球队就可以用其扩大防守区域，最终用以全场紧逼。

图 6.9 2-2 或 2-2-1 夹击防守阵型

教练手记

✔ 防守球员要通力合作，阻止对方得分。

✔ 区域联防是盯人防守的基石。

✔ 球员在实施区域联防时要积极主动，在对方每次传球后都要重新调整自己的场上位置。

✔ 在传球球员将球传出后，防守球员就应该随球移动。

✔ 盯人防守的球员要一直看球、看自己盯防的球员。

✔ 盯人防守的球员必须保持通视的选位和姿势。

✔ 防守中的良好沟通要从询问"你防谁"开始。

✔ 盯人防守的球员必须学会不追着球跑。

✔ 盯人防守的球员要在球前面以封堵进攻球员突破到篮下的通路。

✔ 避免"红海效应"，至少有1～2名防守球员始终留在协防线上。

第七章

比赛中的特定情境

如果比赛是这样的情景——中圈跳球，本队中锋的个头比对方矮了一大截，看起来对方准能争到球，你的球队应该如何排好阵型才能阻止对方快速攻篮？

距离比赛结束还有 5 秒，本队落后对手 1 分，需要掷界外球，球员知道如何掷界外球吗？

比赛还剩 1 分钟，本队领先 5 分，本队要保持控球，能否再发动 1 次进攻来消耗时间呢？

上述情形以及其他比赛情景可以通过赛前演练来减小压力。教练不能指望青少儿球员在比赛中能处理好所有在训练中从未涉及的情况。为一些特殊情况做准备，以使球员能够适应赛场形势的变化。球员和教练在进攻和防守上已经承受了足够的压力，所以，处理比赛中的特定情境要简单。如果球员能够正确地贯彻教练的方案并勤加练习，他们是可以应付自如的。

球员们有疑问时，你就把他们的想法引入训练，而不是跳过去。球员们接触这些想法越早，就能越早在比赛中加以识别并做好准备。

在训练和比赛中，会有很多球员说"哦，我明白了！"的时刻。本章描述的所有情形几乎都会出现在每场比赛里。球队在训练中可能不能立刻领会这些内容的重要性，但当他们看到这些情况在比赛中出现并能影响比赛结果时，他们学习的意愿就会非常迫切。

跳 球

篮球比赛都是从跳球开始的，而且，整场比赛可能只用到 1 次（加时赛也要用到跳球）。跳球可以为比赛定个调子，因为没有哪支球队愿意在一开始的时候就放弃快速攻篮并使比分落后。因此，对每支球队来说，跳球时的站位及每个人的分工非常重要。

跳球时的站位有 2 种方式，一种是进攻站位（如图 7.1a），一种是防守站位（如图 7.1b）。如果中锋有身高优势并很有可能拨到球，就采

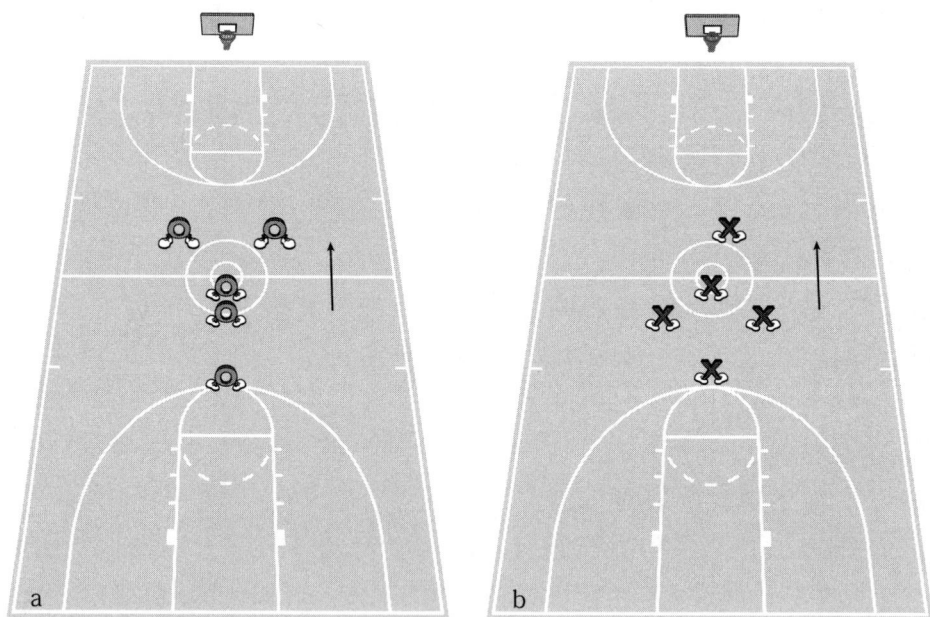

图 7.1 跳球时的站位

用进攻站位。2 名球员站在进攻一侧（靠近要进攻的篮筐）的中圈，准备接中锋拨过来的球。他们要站在想象中的协防线的两侧。另外 2 名球员站在防守的一侧，1 名球员站在中圈后几米外的地方充当守篮的"安全员"，防止对方得球后轻松上篮。

如果不确定中锋是否能拨到球，就采用防守站位。除了跳球的中锋，2 名球员分列在协防线两侧，靠近防守一侧的中圈，1 名守篮的"安全员"站在这 2 名球员的正后方，进攻一侧的中圈上只安排 1 名球员。

跳球时，中锋自己不能接球，要靠其他 4 名球员争球。跳球后直接发动快攻得分的情况非常少见，只有在跳球球员与对手有很大的身高优势时才有可能。在这种情况下，中锋将球拨向中圈上进攻一侧的队友。如果进攻一侧有 2 名球员，其中 1 名球员拿到了球，没有拿到球的球员应快速向篮下移动并示意队友传球。假如球队采取了防守站位却意外地争到了球，在对手过于投入进攻而在防守上处于劣势（1 对 2 或 2 对 3）时，也可以寻求快攻得分，否则就调整为半场进攻。

采用防守站位时，中圈上防守一侧的球员应使自己外侧的肩（离篮筐远的一侧）对准对方球员内侧的（离篮筐近的一侧）肩，并随时准备向篮下后撤进行防守。不要被对手超越，否则只能看着对手快速上篮。"安全员"应该留出缓冲空间，比最近的对手到篮筐至少近 5 英尺（1.52 米）的距离。

界外球

在一场比赛中，球飞出、弹出、跳出场外的情况会有几十次。当遇到对方顽强的防守时，把球从对方场地的端线外发进场内并非易事。因此，制订几个界外球进攻战术是很重要的，一是可以保证球发进场内，二是可以伺机进球。

在发界外球之前，发界外球的球员要喊叫示意。在发界外球的球员拍手或喊"进攻"之前，大家都应站在各自的位置不要动，否则，场上的球员会在不同的时间寻求接球的机会从而破坏发球的节奏。

当一方进球得分后，对方可以在对手的端线外移动发界外球，但在发其他的界外球（裁判判定的死球）时，发界外球的球员必须确立一只中枢脚，避免双脚来回移动。无论什么情况，发界外球的球员的脚都不能越过端线或边线。

◎ 重叠式底线球战术

在进攻一侧的篮下发底线球时，球队可以排成重叠式队形，这样，发底线球的球员有 4 个传球选项。这些选项中至少有 3 个是为近距离投篮设计的，而第 4 个选项则是更保险地传给弧顶附近的后卫。球员们应沿禁区的腰线在低阻区整齐地排成一列（如图 7.2），球员之间保持一臂的距离。球员在重叠式队形（1 号球员离球最近，2 号球员离球最远）中的位置及每名球员的跑位如下：

3 号球员发底线球。

1 号球员快速向同侧底角跑位 8 ~ 10 英尺（2.44 ~ 3.05 米），伺机接球实施外线远投。

4 号球员快速跑位至对侧低阻区，伺机接球上篮或抢篮板球后二次投篮。

5 号球员向发底线球的球员靠近，伺机接球上篮。

2 号球员向三分线外跑位。

发底线球的球员应当首先选择将球传给 1 号球员、4 号球员或 5 号球员，由接球球员尝试投篮。在发底线球时，只要离篮筐最近的球员有机会，不管是谁，都要把球传给他。当前 3 个选项都没有成功的机

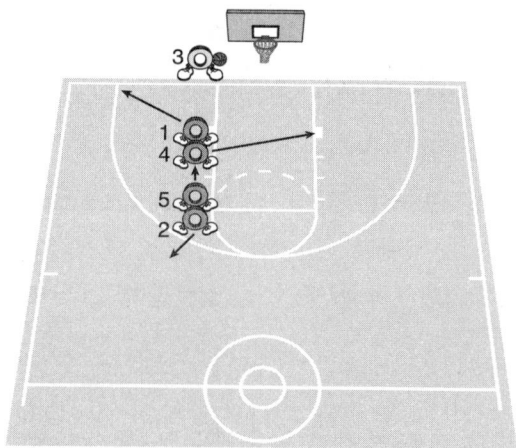

图 7.2 重叠式队形的站位

会时，再选择把球传给 2 号球员以保证底线球能被安全发进场内。球队开始学这个战术时，发底线球的人会不知所措，但经过训练，他会逐渐学会观察每个队友的动向。发底线球的球员不要只盯着一个目标，还要用眼睛的余光观察所有队友的情况，这一点非常重要。随着时间的推移，发球球员可以学会并使用眼睛看着一个人却把球传给另一个人的假动作，这会让防守球员产生误判。

◎鹰式底线球战术

鹰式底线球战术是专为发界外球的球员在发球后进入场内快速投篮而设计的。在理想的情况下，发底线球的球员应该是场上最好的外线投手。4 名球员分别站在两个低阻区和肘区，具体如下：

2 号球员发界外球。

5 号球员在强侧低阻区（发球球员前）。

1 号球员在强侧肘区。

3 号球员在弱侧肘区。

4 号球员在弱侧低阻区。

发球时，5 号球员先向篮下切入，然后反向切向底角接 2 号球员的发球。与此同时，1 号球员先向篮下切入，然后反向跑位至强侧侧翼（如图 7.3a）。5 号球员接球后将球快速传给 1 号球员。2 号球员发球后向篮下突进，然后向外跑位移动至距篮筐 12 ～ 15 英尺（3.66 ～ 4.57 米）远的同侧底角，5 号球员在把球传给 1 号球员后迅速为 2 号球员做"墙"进行前掩护（如图 7.3b），1 号球员把球传给 2 号球员，2 号球员接球后投篮。3 号球员向弧顶强侧的开阔区域移动，在 2 号球员无法将球传给 5 号球员时接球。4 号球员潜伏至篮下准备抢篮板球。

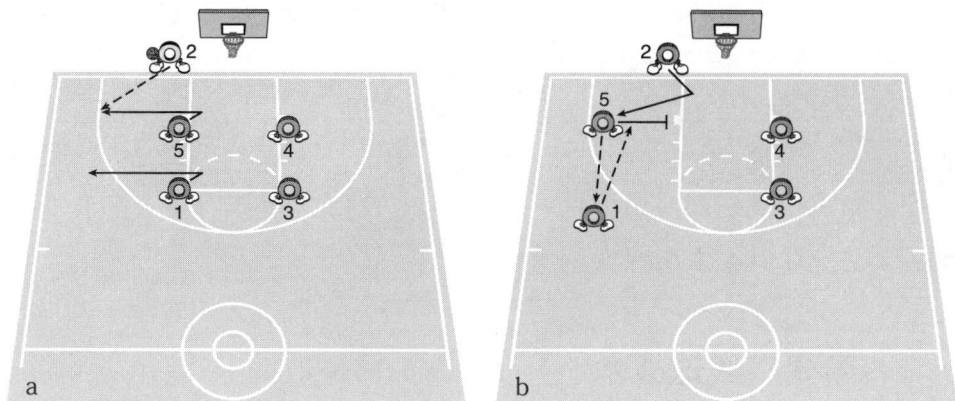

图 7.3　a. 鹰式底线球战术的球员站位及初期跑位；b. 后期跑位

◎发边线球重叠战术

在边线外发界外球可能是个挑战，当防守球员全力防守并急于抢断时更是如此。因此，对于一支球队来说，重要的是要有一个正确的发边线球战术，使球安全地进入界内并建立进攻体系，或者面对对手咄咄逼人的防守时组织快攻得分。这种战术与重叠式底线球战术类似：

3 名球员在离边线 8 ~ 10 英尺（2.44 ~ 3.05 米）处重叠站位，彼此间隔 4 ~ 5 英尺（1.22 ~ 1.52 米），面对发球球员，如图 7.4。4 号球员站在另一侧边线附近，正对 5 号发球球员。这个战术的目的是让 2 号球员接 5 号球员的传球后快速攻篮得分。

5 号球员发边线球。

2 号球员为 1 号球员做掩护后，利用 3 号球员的掩护向篮下切入（如图 7.5），准备接 5 号球员的传球。

1 号球员离开掩护后伺机接 5 号球员的传球。

3 号球员为 2 号球员做掩护。

4 号球员快速向篮下移动准备接 2 号球员的传球。

图 7.4　发边线球重叠战术的站位及初期的跑位

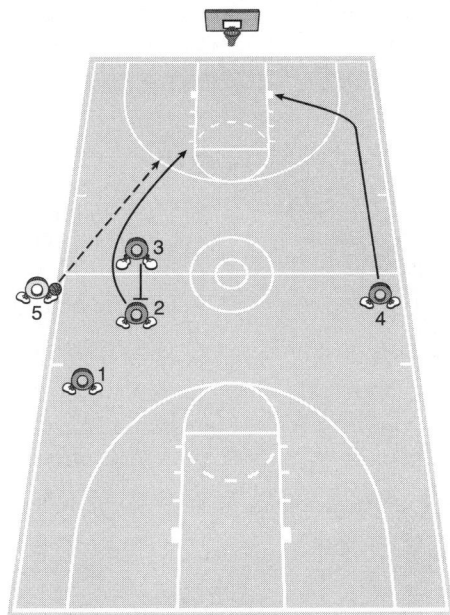

图 7.5　发边线球重叠战术后期的跑位

　　发边线球重叠战术的成功与否取决于球员们是否有足够的耐心按正确的跑位顺序为队友做掩护。2 号球员必须在 3 号球员为他做掩护前先为 1 号球员做掩护。记住，发球球员只有 5 秒钟的时间，超出 5 秒就会被判违例，控球权就转给对手。如果球员们只是草率地执行这个战术，就会以冲撞和掩护无效而结束此次进攻。

球队犯规和个人犯规

　　篮球比赛不鼓励对对手犯规，但在比赛时间所剩无几的时候犯规是一个合理的策略。在很多青少儿比赛中，当一支球队在半场比赛中的非投篮犯规累计达到一定数量（通常是 7 次）时，对方将获得 1+1 罚球的机会。累计未满 7 次犯规之前，一方发生非投篮违例时，裁判将判对方发界外球，控球权并未发生转移。1+1 罚球意味着第一次罚球必须命中才有机会执罚第二次，如果一罚不中，球就变成了活球〔在一些联赛和锦标赛中，全队累计 10 次犯规（包括非投篮违例）后，对手将获得 2 次罚球机会。第二次罚球之后，球变成活球〕。

在一场势均力敌的比赛接近尾声时，球队的犯规次数可能会成为影响比赛结果的重要因素。比分落后的球队想通过犯规使计时停止以达到最大犯规次数，从而使领先的球队被迫罚球，这会给领先的球队施加罚球压力。落后的球队将有更多的机会抢到篮板球，然后发动快攻投篮，缩小比分差距。当然，比分领先的球队没必要采取这种策略，但可以尝试通过罚球抢得篮板球重新赢得控球权。

那么，什么时候应该采取犯规策略呢？如果球队比分落后很多并且看不到希望，犯规战术是毫无意义的。如果比赛还剩 3 分钟左右、比分差距小于 10 分，落后一方的防守球员如果抢不到球，就应该冒进抢球或犯规。记住，通常情况下，如果球员在犯规时不去争球将被判故意犯规，对方在罚球后仍拥有控球权，所以，教练要让球员知道在这种情况下正确的犯规方法。不管你信不信，很多球员很难掌握犯规策略的精髓，因此，这是一个需要在训练中讨论和解决的问题。在比赛中，一旦教练给出信号，防守球员就应该迅速执行犯规停表战术。

教练还要控制好球员的个人犯规次数，避免球员因犯规次数太多而被罚出场外。每场比赛都会有一名记分员记录比分及球员个人的犯规情况。在大多数比赛中，球员可以有 4 次犯规，第 5 次犯规就要被罚下场。因此，如果球员在上半场的比赛中有了 2 次犯规，教练就会把他替换下场，以免他在半场比赛结束前再次犯规。同样，如果球员在下半场刚开始就发生了第 3 次犯规，教练也会换他下场，以免他在剩下的将近一半的比赛时间里第 4 次犯规。赛前，教练应当要求记分员明示球员第 2 次、第 3 次或第 4 次犯规。如果教练有幸拥有一名助理教练，后者的主要任务之一就是控制球员的犯规次数。

罚 球

罚球紧随犯规之后。在青少儿比赛中,这两种情况都非常多,所以你有必要让球员们做好准备。一旦裁判鸣哨吹对方犯规,你的球员就要走到罚球线上罚球。罚球时,篮板手沿禁区腰线的分阻区站好,并对裁判判罚的罚球次数做到心中有数,对方罚球不中就要上前去抢篮板球。篮板手必须牢记站位规则(站在中阻区)以及把握进入禁区的时机(是球飞出后还是打到篮筐之后)。

所有的投篮不中犯规都会判给对方 2 次罚球机会。但有的规则规定在每半场的第 7 次全队犯规开始,即使是非投篮犯规,也要执行 1+1 罚球,只有第一次罚球命中才可以继续罚第二次球;如果一罚不中,球就成为活球了。

在大多数比赛中,罚球线和篮筐之间的距离是 13 英尺(3.96 米),这是一个青少儿球员想想都害怕的距离。为了更加符合青少儿比赛的特点和实际,一些比赛会把罚球的距离缩短,以便球员能以正确的投篮方式罚球。在某些比赛中,双方教练和裁判可能会在赛前就缩短罚球距离进行协商而达成一致意见。不管怎样,教练要掌握联赛的规则,然后让球员在比赛要求的距离上练习罚球。

◎ 如何罚球

对于篮球初学者来说,罚球可能有些吓人,所以还是要从基础练起。你要向球员们说清楚,不管罚球线有多远,罚球的球员只有在篮球触到篮筐后才能超过罚球线。如果孩子们没有足够的力量把球罚进篮筐,就要考虑调整联赛规则了。有些青少儿球员可能要跳起来才能把球投到篮筐附近,在这种情况下,教练要提醒他们注意调整好自己的位置,以免罚球时踩线。如果防守球员在进攻球员投篮时被判犯规,投篮球员投篮命中,则还会执行追加 1 次罚球(有的联赛规则规定若投篮命中,防守犯规不追加罚球）；如果防守球员在进攻球员投篮时被判犯规，罚球球员投篮未命中则执行 2 次罚球。执行 1+1 罚球等情况下的罚球均命中了，球就成为死球，对方获得发界外球的机会。随着球员的成长，他们变得更加强壮，两脚不动的原地罚球就不再是什么难事了。

罚球球员无论是跳投还是原地投篮，都要采取正确的投篮技术。这是球员在比赛中可以完全控制的一次投篮，所以，球员要学会掌握好投篮的节奏和动作：眼睛注视目标（略高于篮筐），双脚稳定（双脚张开，与肩同宽），深呼吸并放松肩部，调整手型，握好球，以顺势而为的、流畅的跟随动作完成投篮。

◎ 抢罚球进攻篮板球

2 支球队站在禁区 2 条腰线的分阻区上准备抢篮板球。罚球方可以在中位区上各安排 1 名球员站位准备抢篮板球，通常安排个头最高的球员（4 号和 5 号）。进攻球员紧挨着对方的篮板手在低阻区的位置站好。在球触到篮筐前，任何篮板手都不能进入禁区抢篮板球（一些联赛规则允许球员在球被罚球球员投出后可以离开自己的位置抢位挡人并抢篮板球，教练一定要在赛前跟裁判确认清楚）。如果球命中了，但进攻方过早地进入禁区，裁判就会判罚违例，中篮无效，对手获得控球权发界外球。

罚球时，其他 2 名进攻球员要站在三分线后并做好迅速回防的准备，防止罚球不中后，对手发动快攻和快速上篮。当球触到篮筐后，罚球球员就可以进入禁区抢篮板球了。球有时候触到篮筐会强劲反弹回来，罚球球员更能容易抢到篮板球并伺机快速投篮得分。

◎ 抢罚球防守篮板球

因本队犯规导致对手罚球，球队的主要任务是把控球权夺回来。当对手罚球时，对于犯规的球队来说，最糟糕的情况莫过于罚球方抢到自己罚失的篮板球并快速攻篮，或者重新组织进攻。正因为如此，防守罚球不中的抢篮板球显得尤为必要。

防守方的球员在禁区腰线分位区的站位顺序如下（如图7.6）：个头最高的球员（4号和5号）站在两侧的低阻区，中阻区是进攻方的球员，高阻区是2名防守方球员（2号和3号）；防守方的最后1名球员（通常是1号后卫）必须站

图 7.6　球员在罚球时的站位

在三分线外。除了站立在分阻区的抢篮板球的球员和罚球球员外，任何一队的其他球员都不能在罚球时进入三分线内。场上所有球员都要按照罚球前的站位站好，直到球击中篮筐（另有规定的除外）。如果防守方的球员过早进入禁区，裁判将会判罚违例，罚球球员如果罚球不中将会再获得1次罚球机会。

防守方的主要目标是尽全力抢到篮板球。4号和5号球员先要抢到中阻区的2名抢进攻篮板球员的身前，用身体卡位，而不是直接去抢篮板球。他们应先让外侧腿进入禁区，用身体挡住对方抢篮板的球员，在球从篮筐弹开后高高跃起，用手迎球。

2号或3号球员必须将罚球球员挡在身后，阻止其抢到反弹的篮板球。2名球员之间要有交流，以明确谁去挡罚球球员。

一旦抢下篮板球，球队就要转换为进攻模式，必须快速发动进攻争取快攻得分。

快 攻

在学习快攻之前，球员们要学习如何进行半场进攻，这样才能把快攻与半场进攻衔接起来，控制好进攻节奏。开始学习时，最让教练感到艰难的是如何让球员们慢下来组织攻篮。球员们在进攻时会把注意力集中在如何运球和传球上，他们有充沛的精力，就像没有规律的蹦蹦球一样在场上跑来跑去，毫无章法和节奏可言。随着学习的深入，他们在提高控球技术和传球技巧的同时，也会逐渐掌握什么时候应该减速，什么时候应该加速，把比赛总体控制（相对而言）在一个较好的节奏上。如果球员能做到这点，他们就具备快攻的能力了。

快攻是个很有趣的进攻方式，可以给回防的对手施加巨大的压力，并能创造人数优势（比如 3V2、4V3 或者 5V4），从而实现轻松上篮得分。与每次都走着运球的球队相比，知道如何发动快攻并成功进球的球队显然更有优势。

尽管快攻确实加快了比赛节奏，但比赛节奏仍然需要控制。快攻通常是球队在对手投篮不中后发起进攻的最好方式。篮板手（5 号）一旦在禁区内或禁区附近抢下篮板球，应当以外侧脚为中枢脚向外转身 45°，面向边线的接应球员并将球传出。

接应球员（1 号）应该快速向篮板手最近的开阔区域跑位，这个地方离端线约 15 英尺（4.57 米），离罚球线的近端约 10 英尺（罚球线向外延伸 3.05 米）。1 号球员要到达这个区域接应从而为篮板手开辟一条清晰的第一传通道（如图 7.7），因为通常情况下，对方在禁区附近的防守比较密集。抢到篮板球的球员应当以外侧脚为中枢脚向外转身，快速将球传给接应球员。1 号球员在接球后应尽快沿中路运球推进，2 名进攻球员（2 号和 4 号）沿两边线分散，在 1 号球员的两侧向禁区快下。

1 号球员推进的速度越快越好，如果无人及时回防，可以直接上篮。如果 1 号球员遇到防守球员，他可以来个近距离投篮或者将球传给 2 号或 4 号球员。2 号和 4 号球员在快下时应该与 1 号球员保持尽可能宽的距离，至少要 10 ~ 15 英尺（3.05 ~ 4.57 米），以拉开对手的防线并创造良好的传球角度。在发动快攻时，青少儿球员们往往犯的最大的错误之一就是不会分散，直接沿场地中间快下，这不仅帮了防守球员的忙（1 名防守球员可以防守 2 名进攻球员），也会使传的角度变小。2 号和 4 号球员到达对方的罚球线延长线区域后应该向"门区"切入并寻求接球和上篮的机会。

3 号和 5 号球员应该跟上比赛节奏，快速跟进并伺机抢篮板球。如果对方快速回防并破坏了快攻，进攻方不应强行传球或投篮，而应尝试与半场进攻衔接，组织正常的半场进攻。

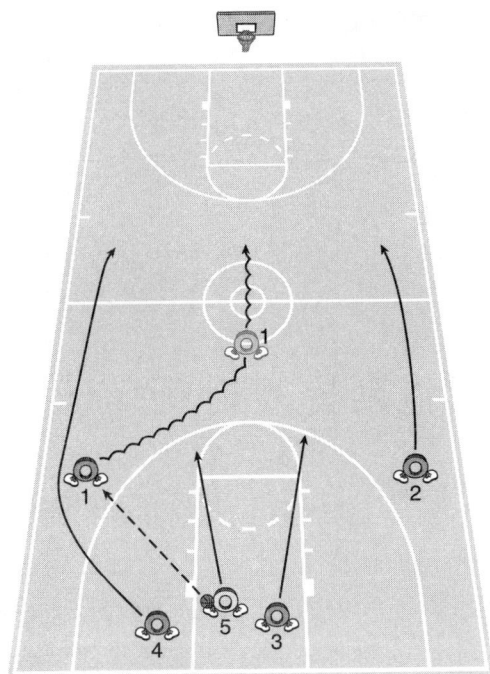

图 7.7 快攻打法的跑位

压哨投篮

比赛即将结束，球队要以进球来扳平比分或者领先，此时球员知道时间并相应地组织进攻就显得非常重要。大多数青少儿球员都没有足够的能力进行远距离的投篮，更不用说投篮命中了。若是教练不提醒，很多人甚至不知道比赛还剩多少时间。

界外球战术要求利用好场地长度，所以球员在接到界外球后进行快速投篮的最好办法是实施一个"传切（反切）"（见第三章，第 081 页）的变化。2 号球员接界外球后快速回传给发界外球的 1 号球员，后者带球突至篮下，可以上篮也可以投篮。如果不行，1 号球员可以尝试将球运回中场。2 名队友（3 号球员和 4 号球员）应该在 1 号球员前面的两侧边路（各距 1 号球员约 15 英尺，即 4.57 米）跑位，拉开对方防线并伺机接队友的传球。另外 2 名球员（2 号球员和 5 号球员）应该跟进，在第一轮进攻受阻的情况下接队友传球并实施外线远投，或者抢下篮板球给 1 号球员、3 号球员或 4 号球员并由后者进球得分。

如果球员在对方篮下接界外球，可以采用重叠式底线球战术或鹰式底线球战术进行传球，两者都是为快速投篮而设计的。

拖延比赛时间

能够完爆对手的比赛是轻松的比赛，那些双方势均力敌而时间又所剩无几的比赛是让人揪心的比赛。落后的球队会想尽一切办法把比分扳回来，而领先的球队要做的就是尽量拖延时间。

在这种情况下，教练很难保持冷静，更不用说年轻而又缺乏经验的球队了。表现自信、言语有度对此时的教练很有帮助。教练的口头暗示和肢体语言能影响整个球队的心态和表现。教练坐在那里双手抱头，像马龙·白兰度在《现代启示录》（*Apocalypse Now*）里那样低声嘟囔"太恐怖了，太恐怖了"，这可能并不是个好办法，保持冷静可能更好。

你要保证最好的控球球员和罚球球员此刻都在场上。比分落后的球队可能会采取犯规战术，或者对球施压使对手失误。这个时候你就可以采取拖延战术（见第 140 ~ 143 页 2-1-2 进攻阵型）来控制进攻节奏了。持续运球，做好防守，保持镇静，就让时间一分一秒地过去。

在 2-1-2 进攻阵型中，弱侧边路球员要利用禁区弧顶附近的队友的掩护来摆脱防守球员，然后向对侧边路跑位，准备接来自强侧侧翼的传球。防守球员必须从篮下出来防球，这就为进攻队员传球和空切创造了更多的空间。进攻方在进攻时，应当通过快传、短传在两个边路倒球，且只在绝对必要时选择运球。如果球员保持了适当的距离，2-1-2 进攻阵型是最有效的。如果每名球员都距离队友 12 ~ 15 英尺（3.66 ~ 4.57 米）或者更远，防守球员将不得不追球。如果进攻球员快传做得很好，情况更是如此。

除非有开阔的空间上篮，教练应该不断用包括"耐心""慢下来"等关键词提示球队不要着急投篮。即便如此，一些球员也会忘记在比赛恢复时应该做什么，即使球队并不需要得分。遇到这种情况，你就把它当作一次"付学费"的机会。青少儿球员通常在比赛中只考虑两件事：我什么时候有机会得分？比赛结束我会得到什么奖励？你可以让球员在训练中模拟拖延战术和时间意识，但要真正学会还要通过很多场势均力敌的比赛进行磨炼。

在比赛的最后几分钟，给球员减压并让他们专注于手头任务的一个方法就是让他们把拖延战术当作一个 5 人互不相近的游戏来对待。想象一下，在一场紧张、激烈的比赛结束后，5 个孩子放松地把球抛来抛去，会有多么开心。

全场紧逼

大多数 12 岁之前的青少年比赛不允许采用施压的全场紧逼防守，也有一些比赛允许 9 ~ 10 岁的球员在比赛的特定时间内采用。青少儿球员还不能在压力下自如地运球和传球，若全场都是意图抢断或阻止半场进攻的防守球员，进攻球员处理球时会很慌乱。如果球员们把注意力集中到以下几个关键因素，他们也可以打破紧逼防守的困境。

· **传球**。接球后，进攻球员必须转身面向防守球员并观察整个场地。当防守球员靠近时，持球球员要将球快速传给处于空当的队友。

· **使球远离边线**。球员不应把球带向边线，因为边线可以作为额外的防守球员限制进攻球员，进攻球员应尽量使球在场地的中间区域运行。

· **队友之间持适当的距离**。如果进攻球员相互之间靠得太近，防守球员就可以很轻松地逼近球。如果进攻球员之间保持着 12 ~ 15 英尺（3.66 ~ 4.57 米）的距离，对方的防区就会拉大，篮下的通路就会敞开。如果 2 名防守球员试图防球，若进攻球员之间保持适当的距离就会很快将他们分开。

防守方对对方施压要把握好时机，通常在死球或投篮后进行。在此情况下，进攻球队发动进攻越快，防守方用来布阵紧逼防守的时间就越少。如果防守的紧逼布阵已经形成，进攻方必须要明确他们面对的是什么类型的紧逼布阵并做出相应反应。紧逼类型主要有区域紧逼和进攻全场人盯人紧逼两种。

◎ 破区域紧逼

区域紧逼有不同的方法和布阵，其中，以"方形+1"（2-2-1）和"菱形+1"（1-2-1-1）最为常见。在遇到这两种紧逼防守时，进攻方可以用相同的方法来破紧逼：2名后卫（1号和2号）在罚球线外纵向排列，2名前锋（3号和4号）站在中场线的两边角区域，中锋（5号）发界外球（如图7.8）。

1号球员和2号球员分别向两侧侧翼的空当跑位。1号球员接球，弱侧前锋（3号）跑到中场的空当策应，2号球员则在前场的弱侧边路机动接应。5号球员发球后立即向场内三秒区右侧的底线区域、位于1号球员侧后方跑动10～15英尺（3.05～4.57米），准备接回传球。4号球员沿边线快下伺机接球或上篮。这样球就可以从边路传到中路，再从中路传到另一侧边路了。

图 7.8　突破 2 个最常见的区域紧逼防守战术

◎破全场人盯人紧逼

破全场人盯人紧逼进攻战术与破区域紧逼略有不同。区域紧逼需要球员保持耐心和传球，而破全场人盯人紧逼则要通过掩护并把球交到球队最为可靠的控球队员手里。

2号球员和3号球员站在弱侧的肘区设置重叠式掩护，2号球员靠近发界外球的球员。设置重叠式掩护时，做"墙"的2号、3号球员前后站好，面向控球后卫（1号）。1号球员与2号球员、3号球员在一条线上，离人墙10～12英尺（3.05～3.66米）远。4号球员站在中场的强侧边角处。（如图7.9）

1号球员绕过双层人墙后向边路移动接底线发球。1号球员接球后，先运球，目的是快速通过半场，避免10秒违例。2号球员做掩护后向1号球员

图 7.9 重叠式掩护

的反方向跑位，在1号球员被盯防后作为第二选择接5号球员的底线发球。3号球员在做掩护后沿边线快下，准备接1号球员的传球，4号球员则沿另一侧边线快下。1号球员把球推进到中场后就寻找快攻的机会。

破全场人盯人紧逼还有另一种被称为"飞行式"的进攻方法，主要是通过长传创造快速得分的机会。这种方式只适用于有球员能将球直接长传过半场的球队。球队中是否有这样的球员可以在训练中加以验证。在这种打法中，2号球员与1号球员站在罚球线附近，2号球员在1号球员身后，3号球员和4号球员各自站在中线靠近边线的地方（如图7.10）。发底线球的5号球员发出信号后，3号球员和4号球员快速向同侧的底角区域跑位，将各自防守的球员从半场拉开，2号球员绕过1号球员向前场

进行卷切同时留意身侧的传球。
5 号球员长传将球交给 2 号球
员，由后者带球上篮。

图 7.10 "飞行式"

暂 停

　　暂停是教练在比赛中用到的最重要的工具，可以用来扭转形势、组织进攻、攻防转换、压哨投篮，或者给球队一个喘息的机会。暂停是很宝贵的，所以教练必须用好。在比赛开始前，教练要确认联赛或锦标赛的比赛规则，弄清每队有几次叫暂停的机会。

　　通常情况下，每次暂停的时间是一两分钟，所以，教练在叫暂停前要做好充分的准备。这个时候，战术板就派上了用场。球员们只喜欢直观的东西，尤其是在他们想不起场上发生了什么情况的时候。一幅草图可以帮球员快速想象出他们在场上的正确位置。顺便说一下，在战术板上画出进攻和防守的符号并不需要任何艺术技巧，当然你在家提前练习一下也很有帮助。你在家把所有训练过的战术都画上几遍，到真正比赛时，画幅草图就像是你的第二天性那样简单。

　　在暂停时，你要告诉球队一些明确的事项，要直奔主题、简明扼要。你要让球员们知道你希望他们在比赛中能做到的一两个要点，不要讲太多，否则他们记不住。你当然希望他们能在你讲完之后有目的、有灵感地回到场上，而不是想"刚才教练都说什么了"。球员们经常不愿意承认他们没听懂，所以，你要让他们在上场前把要点再重复一遍，如在防守时，要更多地移动双脚，不要老是伸手抢球。

你要确保球员们很快地聚拢过来，因为你并没有多少时间。球员在围过来之前要拿好自己的水壶。所有球员（并不仅仅是场上的球员）都要围在教练身旁，都要把自己当作球队的一分子，都要认真听教练的讲解。一定要搞清楚，暂停是教练的时间，只能由教练讲话，其他人都要认真倾听。

教练不要单独批评某个球员，而是要寻求下一步努力的方向。不管有多大的比赛压力，教练都应保持平静的语调，让球员们有信心。大多数时候，即使教练没有大喊大叫，球员们就已经情绪激动了。教练要做的就是说话权威、简明，不要大喊大叫。要多激励，不要打击。

不要在比赛刚开始没多久就叫暂停，也不要在上半场比赛时间所剩无几时浪费一个暂停。但是，如果球队开局就表现平平，并且比分很快落后，你就要叫个暂停使球员尽快找到比赛状态。教练要预留几个暂停到比赛后期。如果比赛双方实力相当，暂停在调整球队和组织比赛中可以起到至关重要的作用。

教练手记

✔ 在训练中就要为高强度的特定比赛情境做准备。

✔ 跳球时的首要任务是争到球和阻止对手快速攻篮。

✔ 发界外球时，时机就是一切。

✔ 注意个人犯规和全队犯规，它们可能是决定比赛结果的重要因素。

✔ 罚球球员每次罚球都要有一套例行程序。

✔ 争抢罚球不中的篮板球时需要所有球员通力协作，要进入禁区卡位挡人，阻止中阻区的对方球员和罚球球员。

✔ 快攻成功的关键是进攻球员拉开对方防线并进入禁区，而不是在球场中间扎堆。

✔ 拖延战术须要耐心，须拉开对方防线。

✔ 快传、留出适当的空当并远离边线是打破紧逼的关键。

✔ 要用好暂停。

第八章

比赛开始了，教练该做什么

　　教练们认为他们可以控制篮球场上发生的一些事情，在某种程度上，的确如此。教练可以编写一个训练脚本，便于自己在走进篮球馆时知道要做什么。在训练中，一些孩子会焦躁不安，另一些孩子会聚精会神；一些孩子练得很好，另一些孩子则笨手笨脚。但总的来说，每个孩子都会听从教练的指令。教练组织得越好，其控制力就越强，训练就越顺利，即使有一些意想不到的失误也不会影响训练的效果。

　　比赛相对于训练是另外一回事，场面不会过于混乱，但也令人不安，特别是一支初出茅庐的队伍第一次参加比赛。球员穿着统一的队服，比赛场地旁边有计分牌，场上有裁判，场下有加油鼓劲的父母。对于新手教练来说，最困难的事情是认识到自己在比赛开始后的作用大为减少，场上的情况全凭球员们的发挥。

　　我们见过无数次这样的场景：教练叫了暂停，拿起手边的战术板，画了一个好看又简单的战术示意图——球队练习这个战术好几周了，然后让球员上场执行。后面会怎么样呢？球队立刻打起了与制订的战术完全不同的比赛，或者2名球员在贯彻教练的意图而其他3名球员只是呆呆地站在那里，或者所有的球员什么都不做。

这个时候，你会忍不住闭上眼睛并自言自语。别灰心，也别抱怨这份吃力不讨好的工作。你先想想自己 8 岁时无忧无虑的日子，然后在比赛的间歇部署相同的战术，敦促这些渴望成功的孩子们再试试。

在赛季初期，你可能试图纠正所有的问题，因为每件事似乎都不对头。不过，你最好还是一次只做一件事。你也会发现自己把一个问题重复了好多次。你试图找到新的鼓舞人心的方式来表达同一件事，但发现自己的创造力不够。你可以放心，在重复了 21 次之后，孩子们就理解了你说的话。

即使球员不理解，你也要克制亲自上场的想法。尽管这个想法挺新鲜，但教练也不能穿上球衣上场比赛。教练只能在场边走来走去，有时焦躁不安，有时大喊大叫，有时撕扯头发。这种戏剧性的场景在 NBA 比赛的镜头前或许有用，但对青少儿篮球比赛却无济于事。

你必须默默承受比赛的结果。如果你少对比赛作出评论，球员们可能会打得更好。如果你觉得确有评论的必要，也要采取积极的态度。你的工作是指导他们，而不是事无巨细地管理他们。只要秉持这种态度，你就不会气得消化不良。你的球员，你的胃，都会感谢你的。

有时，你可能要与那些表现消极的球员谈话，但要注意谈话的建设性、正面性和私密性。有些球员会挑战闯入他们生活的新的权威人物，看看新教练能容忍他们到什么程度，一旦看到教练坚定的底线，就会与球队保持一致。你要告诉球员们，"你的态度要么是你的死敌，要么是你的挚友"。篮球是一项展示球员真实性格的运动，对教练来说也是如此。

即使随着赛季的进行，球员们在不断成长，你也要意识到他们依然是孩子，偶尔还是会像无头苍蝇一样跑来跑去。这个时候，你可以大笑，可以摇着头看他们滑稽的表演，然后叫个暂停，把这些小家伙们叫过来，再上个简短的补习课。

明确你的角色

新手教练在比赛时很焦虑，因为这是公开接受球员家长、对方教练和球员、裁判，甚至自己球队球员无情评判的时候，你不能不考虑他们对你辛勤工作的看法。你怕被家长们说成骗子，或者被对手打得溃不成军。新手教练有这个想法很正常，所有教练都是从这个阶段过来的。但你要学会克服这种不安全感。提前明确你的角色对你克服心理紧张会很有帮助。

每名教练在走向比赛场地前必须回答的一个问题是"我们的最终目标是什么"。你的角色远远多于篮球场上的角色。你对球员讲话和跟他们交流的方式会对他们在场上的表现产生巨大影响。积极正面的体验是每个球员都想要的，但求胜的欲望有时会盖过有规则的打法。毫无疑问，我们都想赢，但赢的定义是什么呢？是记分牌上的数字吗？即使球队拿下了比赛，但有 5 名球员却因没能上场而哭泣，这能算值得庆祝的胜利吗？

比赛时，教练要控制的一个冲动就是对球场上的每个细枝末节都指手划脚。在比赛最为激烈的时候，球员们都全神贯注地做着自己该做的事（不管是带球进攻还是防守对手），边线上的任何人说出的多余的话，哪怕出自受人尊敬的权威人物之口，都会对他们产生干扰，而不是帮助。把你想说的意见留到他们下场并可以用心听你说话的时候，但你的话要直奔主题、言简意赅。你要把长篇大论留到盛大的年度最佳教练颁奖晚宴上再说。

教练的指令要简短而具体，比如"多传球、少运球""快到协防线""攻篮"等，这对球队最有帮助。教练不要一次把所有指令都说完，青少儿球员在喧嚣的比赛中能够理解和贯彻的教练指令也就一两个。

这并不是说教练可以若无其事地当个观众。在一场激烈、艰苦的比赛中，教练的表现会对球员产生深远的影响，不只是当下，还有未来的比赛。问题的关键不在于教练说什么，而在于怎么说、什么时候说。大喊"快！"或者"怎么搞的？"对比赛没什么帮助。孩子们只会对这些近乎恼怒的评论更加不知所措：一个大人在对我大声喊叫，但我真的不知道是为什么。

教练如何应对压力、如何帮助球员应对压力，是明确一个赛季的目标、帮助孩子们平衡情绪以在比赛中发挥最大能力的关键。你可以通过保持冷静和享受紧张的比赛来帮孩子们控制情绪。他们会从你的反应和你的话语中解读你的态度并从中受益。你的指令要简短而明确，如"协防线！""慢下来！""冲！""别犯规！""前压！"等。如果可能，你还要想想"我为什么做这份工作"。别担心，球队最终会打得很好，你整个人会突然充满快乐，觉得自己很爱这项运动！

赛前细节管理

在和球员讨论比赛细节前，你要先完成一些必要的工作。这些工作看起来很平常，却耗费精力，但对于确保比赛井然有序、安全进行却至关重要。

• 把球员花名册和号码表列入记分本，手头也要有一份花名册以便在比赛需要时随时复印。

• 检查所有球员是否都戴了护膝、上衣是否塞进了短裤。忘记戴护膝的球员不应上场比赛。你可以让他们向不首发上场的队友借用后上场。

• 仔细检查，确保所有球员都没有佩戴珠宝、手镯或金属发卡。如果耳钉不易取下，可以用胶带把它们包起来。

• 确保每个球员都带了水。教练兜里要多带些钱，为那些忘了带水的球员买水或饮料。你要知道附近可用的饮水机位置。

• 提醒球员在开球前留出足够的时间去洗手间。

• 向裁判和对方教练致意。表明你的身份，并祝大家比赛顺利。与监督比赛的工作人员进行一个简短而友好的交谈可以打破初次接触的僵局，有助于比赛在一个合作的氛围内进行。虽然你来到赛场是为了争个高下，但不能以牺牲体育精神和安全为代价。如果两支球队在比赛中产生争端，双方都要以文明的方式加以解决。

• 确保记分员的表格都填满了。裁判可能会要求你找一位家长翻记分牌或在记分簿上做记录（记录个人得分和全队犯规情况），这些都是相对简单的任务，但可能要对家长进行一两分钟的培训。这些琐碎的小事通常在赛前由裁判安排志愿者来做，但教练也应该熟悉细节。

• 要求记分员通知你关于球队个人犯规和全队犯规的情况，这样你可以就换人做出安排。

积极管理比赛

到了比赛日，教练满怀期待与不安来到篮球馆。你想对球队说什么？比赛开始，你怎样使他们保持专注？这些最好在去比赛场地之前就想好。想好你要说什么以及传递这些信息的方式，就会使事情简单明了。剔除那些不是绝对必要的信息，不要让它们占用你的时间。

下面列出了你要在赛前与球队沟通的内容要点：

• **首发阵容**。你要提前准备好首发阵容，而不是在开球前几秒钟再找球员的名字。教练总是倾向于让最优秀的球员打满全场，让能力弱点的球员替补出场。但在青少儿篮球比赛中，让每名球员都有首发上场的机会是非常重要的，因此，你要不断变换每场比赛的首发阵容。

• **防守的打法和球场方向**。如果采用盯人防守，就要确保球员都知道自己要防守的对手。如果采用区域联防，就要确保球员知道联防的区域和位置。你记得要用好战术板。另外，确保球员们都知道进攻的方向以及要防守的篮筐，这并不像看上去那么容易。

• **界外球**。你要与球员们一起在战术板上回顾界外球的打法。提醒他们，发界外球的球员有责任指挥比赛。你在比赛中也要及时提醒球员。

• **动员讲话**。提醒球员接下来会发生什么总是个很不错的主意。比赛也是个游戏，球员们在场上就要玩得开心，因此，没有什么可紧张或害怕的。但有一个条件，那就是要全力以赴。犯错总是难免的，但每名球员，不管能力如何，都要充满活力和激情。这就意味着球员要快速回防，要扑向地板抢球（当然要戴护膝）、竭尽全力抢篮板球，以及大声地鼓励队友。

·**问答时间**。你要给球员提问的机会。可能会有孩子忍不住问你比赛结束后有什么好吃的，如果你觉得这个信息会激励球员在比赛中表现得更好，那就告诉他们。然后，你可以鼓励他们提出一些与比赛相关的问题。如果球员们是篮球初学者，他们可能不知道该问什么。在这一点上，你所能做的就是给出最永恒的建议：上场吧，玩得开心！

球员也会紧张和激动，所以，你说的越多，他们能听进去的就越少。有时候，这些家伙们就是不听，所以不要指望球员们会专心听你的每个深刻的想法，尤其是他们有比赛要开始的时候。因此，你要用尽可能简洁的方式向孩子们传递比赛所要的信息，一定要简单、要简短。

在比赛中，教练的首要工作是鼓励和支持球员，要面带微笑，像分发万圣节糖果一样给他们送上赞美。享受他们的努力，即使他们的努力没有效果。为他们的忙碌鼓掌，哪怕他们无力回天。不要提高嗓门，除非你能压过球场里的其他声音，而且只说些积极的话。当球员在一场糟糕的比赛之后垂头丧气地走向场外时，教练要化解他们消极的情绪，并把它转化为积极的教学机会："做得好，那是个了不起的尝试！下次只要移动双脚而不是伸手拿球，你就能把他们盯死。"

赢球总是受人欢迎的，但不能淹没教练的注意力。随着比赛的进行和求胜心切，教练很容易忽视的细节才是最重要的。球队中的大多数人不会因为比赛的输赢而彻夜不眠，你也一样。相反，你要把精力放在3个必须完成的任务上。

·**让球员们觉得有趣**。这不是要不惜一切代价赢得胜利的比赛，如果所有的球员都不开心，赢球也没什么意义。让球员们觉得有趣的关键在于确保每个人都能上场比赛，都有机会为球队做贡献，不管他们天资如何。你可以通过强调努力、勤奋和团队合作并刻意淡化分数来做到这一点。如果球员们很努力，你就不要再额外要求什么了。即使他们的进攻或防守漏洞百出，你也要保持微笑，耐心指导。你不要摇着手指表达不满，也不要指责他们没有理解刚刚学过的理念从而把比赛弄得一团糟，而是要用鼓掌、击掌和拍后背来奖赏他们的努力。你不仅要强颜欢笑，还要偶尔讲个笑话，这都是必要的。

·**让球员处在成功的位置。**教练要了解球员的实力并因材施教，如不要在比赛中让速度最慢的球员去防守对方最好的控球球员，不要指望小个子后卫能在对抗大块头的防守球员时还能得分，也不要在球员只能做 10 英尺（3.05 米）的传球时要求他们把球传到 40 英尺（12.19 米）的地方。

你要向球员强调，要给处在篮筐附近的、处于空当的队友传球。你要为球员设定个人和球队都能达到的目标。让能力弱些的球员尝试一些简单的动作，如用非惯用手带球攻篮，或者作为一个边路协防球员快速移动到协防线；让能力强的球员（不用指名道姓）尝试给各个位置的队友传球。当球员传球给篮筐附近的队友让其上篮时，无论球是否进篮筐，都要奖励他们。教练还要鼓励球队取得可以在一个赛季内完成的小目标。

·**换人并记录上场时间。**教练可能想让最优秀的球员长时间待在场上，但让所有的替补队员都参与进来才是至关重要的。让替补球员挨个上场，这样就不会出现场上都是实力较弱的球员的情况了，而且他们也会在场上得到优秀球员的支持。你要让最优秀的球员在比赛的关键时刻出场（通常是每个半场的开始阶段和结束阶段），这样既可以保持球队的竞争力，又没把替补队员排除在外。让替补球员在每半场的中间阶段上场，每三五分钟换一次人，这样可以让场下球员时刻关注比赛情况，因为他们知道自己就要上场了。

确定何时换人是一项伤神的工作。如果你有助理教练，你可以跟他一起分担责任。每个球员上场的时间要尽可能地相等，但要精确地监控 10 ~ 12 名球员的比赛时间是相当困难的。尽管教练尽了最大努力，但是一些球员还是会有被忽视的感觉。如果是这样，教练应该承认对这名球员的疏忽（如果球员家长在场，也包括他们），并在后面的比赛中纠正这种不平衡。

良好的体育精神应该贯穿比赛的始终。比赛结束后，不管胜负如何，你都要与对方球员和教练握手。之后私下可以与球员交流他们做得好的地方和要改进的地方，你要鼓励他们在家练习那些他们较难掌握的内容，如罚球、上篮和控球。除了表扬，不要单独点名，因为你要关注的是整个球队。教练还要为下次训练和比赛设定时间。

不要闷闷不乐，也不要沾沾自喜

我们都想赢，但没有人可以一直赢。教练指导球员"赢得优雅、输得体面"可能是一项艰巨的任务。"人外有人，天外有天"，不管教练认为自己的球队有多好，总有比他们更强的球队；反之，不管教练认为自己的球队有多差，也总有比他们更差的球队。所以，你不必为结果着急，也不必为分数烦恼。不要怕那些个子更高、速度更快的球队出现在你的比赛日程上。不要想那些你无法控制的因素，如对方球队的超能力、裁判判罚的质量等。还有一点，你的球队在比赛中是领先还是落后，你都要时刻关注比赛。

当球队输得很惨的时候，教练会很自然地停止指导，坐下来一言不发，因为他觉得颜面尽失，甚至想成为观众看不见的隐形人。教练应克服这个想法，就连迪安·史密斯（Dean Smith）这样伟大的教练执教的球队也在数百场比赛中被打得落花流水过，他的天赋可比大多数青少儿比赛的教练好得多。

球队遭受重创时的教训就是最好的学习内容。一场漏洞百出的比赛并不会让人悲观，相反，它恰恰是最好的学习机会。在篮球比赛中，每个失误都相当于一个热爱学习的学生在课堂上举手回答了一个错误的答案。如果你不喜欢比赛的结果，也要喜欢球员们的努力。

因此，教练对失误传球的反应不应该是"真见鬼，你怎么能这样做"，而应是"嗨，试试吧！""我喜欢你突至篮下，但你知道为什么你的传球会被抢断吗？""你直直地看着你要传球的那个人，却给了防守球员一个回防和抢断的机会""下次别再犹豫了，你肯定能做好""我知道你能行"。你会突然发现，这些糟糕的情况看起来并没有那么让人沮丧，它会成为下次训练课的主要内容。

教练可以在中场休息时做些工作来挽回局面，你要告诉球员用从头再来的心态去比赛，下半场打出一个新的比分。他们的目标应该是在下半场的比赛中表现得更好，甚至能够反败为胜。你要一直激励球员在比赛中发挥出水平，而不是揪住过去的错误不放。你要感谢和奖励球员在场上的拼搏和努力，这可以使球员走出逆境，并为打好下场比赛坚定信心。

如果场上的形势与上述情形正好相反，你的球队轻松领先，你该怎么做呢？如球队已经领先了 15 分，而且势头正盛，你可以做出一些战术上的改变，以免对手难堪。

• 放弃盯人防守，改用区域联防，给对手外线投篮的机会。

• 不打快攻，减少轻松上篮。让球员们把球带到前场并尝试半场进攻，在试图投篮之前至少要有 5 次传球。

• 即使联赛规则允许，也不要使用全场紧逼。给对方一个机会，让他们发动自己的半场进攻。

采取这样的打法，球队可能赢得很不容易，但你会赢得篮球馆里每个人的尊重。你的善意可能会在下次球队受到重创时得到回报。就算不是这样，你也要在一连串的胜利中保持良好的体育精神。

配合裁判工作

篮球比赛不能没有裁判。他们的工作常常是篮球馆里最难的，必须在 10 个孩子追着球跑、大人们在大喊大叫的空间里维持比赛秩序。所有的尊重都源于这些穿着球衣的孩子们。虽然裁判有时会做出不受欢迎的决定，但只有这样比赛才有生命。

一般来说，大多数裁判会回应文明的判罚质疑，不喜欢大喊大叫的球员或教练。教练对裁判粗鲁无礼对球队没什么好处，而是要保持对裁判的尊重，他们也在尽力做好自己的工作。此外，你作为球队里的权威人物，要保持冷静。如果你都沉不住气，球员们就会认为自己也可以无所顾忌。

　　教练应要求球员们尊重裁判，不要质疑裁判的判罚，必须学会在逆境中比赛，包括接受他们所谓的"不公正"的判罚。不过，你要让球员们知道，裁判不会决定比赛的输赢，而上篮不中或罚球不中则会输掉比赛。

　　你执教的时间越长，遇到同一名裁判的机会就越多，跟他们作对得不偿失。在一些比赛中，裁判可能不会对对手的犯规进行判罚，球员和教练都将可能对此不满。所以，教练要保持积极的心态，告诉孩子们不要过于看重裁判的判罚，只要一直投入比赛就好。他们越担心裁判的判罚，他们的表现就越糟糕。教练要把注意力集中在球队的表现上，而不是裁判做了什么上。不要让裁判成为输球的替罪羊。

帮助球员做到最好

　　篮球是一项不太好驾驭的运动。球员会犯很多错误，教练必须克制给球员一一指出的冲动。如果教练一直这样做，往好了说是令人不快的，往坏了说是毁灭性的。所以，你一定要保持轻松、积极的心态。

　　对球员个人的批评要在私下里进行，不要让其他球员听到，这一点非常重要。纠正球员与批评球员是不一样的，你要把纠正错误当作一次教学，而不是吹毛求疵。一定要批评时，要把批评包含在赞扬里，最好夹在两个赞扬中间，那样球员更容易听进去。教练要从积极的方面开始，再阐述训练要点，然后以积极的方面结束。如"我喜欢你昨天在比赛中表现出来的样子""你投篮的时候一定要使肩对着篮筐""我知道，如果你这样做的话，你会进很多球"等。这叫正向强化。这种方法令人信心百倍，而不是垂头丧气，它给球员灌输的是对比赛的热爱和对进步的渴望。

　　帮助球员做到最好是把一项伟大的运动变成终生运动的第一步，可以使球员理解奋勇拼搏的意义和与队友一起攻坚克难并实现目标的价值；是把一个对篮球充满热情的孩子变成篮球运动员、把一个充满激情的篮球爱好者变成篮球教练的第一步。

教练手记

✔ 教练的影响主要体现在训练中，到了正式比赛，就要看球员们的了。

✔ 教练发脾气不管用，耐心地重复要点才有效。

✔ 在比赛时尽量少发出指令。

✔ 在暂停时间，只给球员一两个简单、简短、具体的动作指令。

✔ 赛前在战术板上设定比赛打法。

✔ 提醒球员们注意，你讲话的时候他们要保持安静，你说完了他们再说。

✔ 给球员们强调努力、勤奋和团队精神。

✔ 不要指望球员们能在比赛中完成训练时做不到的事。

✔ 让球员们轮番上场并记录他们的比赛时间，确保每个人都能参与进来。

✔ 尊重比赛，尊重对手，尊重裁判。

关于作者

　　基思·米尼斯卡尔科（Keith Miniscalco）有 30 多年的青少儿篮球执教经历，目前是芝加哥复活学院预备高中（Resurrection College Prep High School）女子篮球队的主教练，同时担任总部位于芝加哥的旅行项目"Over the Edge"（www.otehoops.com，该项目主要是帮助希望在高中继续参与篮球运动的青少年球员）的教练。基思·米尼斯卡尔科还曾在露德圣母学校（Our Lady of Lourdes）、万圣王后学院（Queen of All Saints）、洛约拉高中（Loyola Academy High School）和芝加哥公园区（Chicago Park District）担任教练。目前住在芝加哥。

　　格雷格·科特（Greg Kot）是《芝加哥论坛报》（*Chicago Tribune*）的全职音乐评论家、美国全国性公共广播节目《洞见》（*Sound Opinions*）的联合主持人。在其他时间里，他与基思·米尼斯卡尔科一起在"Over the Edge"项目中任教练，该项目以技能培训和帮助青少年球员参加高中水

195

平竞赛而闻名。他的著作有 *I'll Take You There: Mavis Staples, the Staple Singers,and the Music That Shaped the Civil Rights Era*，*Ripped: How the Wired Generation Revolutionized Music*，*Wilco: Learning How to Die*。他与妻子和两个女儿住在芝加哥。

关于主译

薛正武

中国篮球协会青少年委员会常务委员、北京市篮球运动协会副秘书长、首都体育学院副教授（原首都体育学院附属竞技体校副校长）、中国篮球运动学院（北体大）特聘专家；中国篮协 E 级、D 级和北京市篮球运动协会初级、中级、高级等教练员培训主讲讲师；原中国国家男子篮球队、中国国家男子篮球青年队、中国大学生篮球队、北京市篮球队、日本大企业篮球队等队的队员；多次担任中国国家少年男子篮球主教练。

长期从事青少年篮球运动训练实践与理论研究工作。在担任首都体育学院竞技体校男子篮球队主教练期间，多次率队代表北京市参加全国体育运动学校甲组（U17）和乙组（U15）比赛获得冠军，为北京首钢篮球俱乐部、八一男子篮球俱乐部等俱乐部，以及北京大学、清华大学、中国人民大学等高校篮球队培养和输送了一大批优秀后备人才和学生运动员。

积极参加中国小篮球运动和中国青少年篮球运动发展工作，担任中国篮球协会《中国青少年篮球训练教学大纲》《中国青少年篮球教学训练指导手册》的编委，发表论文数十篇，承担省部级等课题三项。荣获北京市科学技术进步"三等奖"、中国篮球协会青少年委员会"贡献奖"等荣誉。

刘焕然

　　中国篮球协会小篮球课题组讲师、北京市篮球运动协会青少年教练员培训讲师，北京市东城区体育运动学校教练，原北京市女子篮球队、中国青年女子篮队队员，曾赴日本大企业担当队员多年。退役以来，长期致力于青少年篮球训练与教学工作，带队获得了北京市篮球传统学校小学女子组比赛九连冠，多次带队代表东城区和北京市参加北京市及全国青少年比赛获得冠军，以及带队获得了中国小篮球联赛华北赛区（大区训练营）两连冠。多次被评为东城区和北京市的优秀教练员。

致　谢

　　教练不能停止学习。感谢一些老师为我们指明了道路，其中最重要的是 Tanya Johnson、Mary Just、Colleen Chipman 和 Dick Baumgartner。我们也得益于与芝加哥 "Over the Edge"（www.otehoops.com）篮球旅游项目同行的友谊和他们的建议，他们向我们传授的价值观奠定了本书的基础。

　　本书第 2 版的问世离不开许多人体运动出版社（Human Kinetics）朋友的贡献，特别是 Brian Holding，他从一开始就提出了这个想法并不断鼓励我们；Justin Klug 帮助我们修改、完善贯穿全书的理念，并确保两个版本遵循着同样的逻辑；Anne Hall 和 Liz Evans 为本书的出版也做了不少工作。

　　摄影师 Jason Allen 的专业水准使看他照片的人仿佛身临其境。小球员们及其家人也很有耐心和专业精神，感谢他们的配合。感谢如下人员的帮助：Robert、Laura 和 Jessica Amstadt，Jerry、Vicky 和 Marco Arroyo，Erin、Frank 和 Molly Briody，Erin、Rob 和 Charlie Cellini，Meighan、Frank 和 Lily Harmon，Jon、Mary 和 Eileen Hein，Tony、Margy 和 Julia Heinrichs，Rafal、Anna 和 Olivia Komosa，Chris、Katie 和 Jack Malenock，Sentiliano、Rozafa 和 Megen Sanaj，Mijo、Stephania 和 Luka Vodopic。还要感谢 Jessica Pawula、Gabriella Galassini 以及我们的同行 Jen Fischer 和 Caitlin Miniscalco 在拍摄照片期间提供的帮助。最后，感谢 Resurrection College Prep High School 为我们提供的场地和器材。

　　"研究"本书只有一个办法，那就是在球场上反复演练。我们的家人对篮球运动有着超乎寻常的热情，女儿 Caitlin，Brenna，Kelly Miniscalco，Katie，Marissa Kot 陪我们在篮球馆里度过了很多时光，她们因此也觉得快乐而充实。我们真为她们感到骄傲。特别要感谢我们各自的妻子 Liz 和 Deb 。她们的支持、包容和信任使这一切成为可能。我们爱你们。

　　　　　　　　　　　　　　　　基思·米尼斯卡尔科　格雷格·科特
　　　　　　　　　　　　　　　　　　　　　　2015 年于芝加哥